Gisela Preuschoff

Kinder zur Stille führen

Gisela Preuschoff

Kinder zur Stille führen

Meditative Spiele, Geschichten und Übungen

.

Herder

Freiburg · Basel · Wien

Fotos und Mandalas im
Innenteil von Hermann Bausch

4. Auflage

Gedruckt auf umweltfreundlichem,
chlorfrei gebleichtem Papier

Inhalt

Liebe Eltern!

Stille ist ein wertvolles Gut. Man kann sie nicht kaufen, obwohl sie vielleicht das Wertvollste ist, was wir im Leben entdecken können.

Nur durch die Stille können wir erfahren, wer wir sind, können Antworten auf quälende Fragen erhalten und ungeahnte Lösungen finden. Außerdem tut Stille gut: unserem Körper, unserem Geist und unserer Seele. Kinder, als lebendige Wesen, sind immer auch laut. Daß heute so viele Kinder überdreht und unruhig sind, liegt auch an dem Lärm, den sie in der Welt der Erwachsenen vorfinden.

Ich möchte Sie ermuntern, die Stille wiederzuentdecken. Entdecken bedeutet, sich auf den Weg machen, etwas finden. Niemals können wir die Stille mit einem „Nun seid doch mal leise!" erzwingen.

Bei den Anregungen, die Sie hier vorfinden, handelt es sich um einfache Möglichkeiten des Zur-Ruhe-Kommens. Sie kosten fast nichts und sind für jeden anwendbar – übrigens nicht nur in der Familie, sondern auch in Kindergarten und Schule.

Auf Altersangaben habe ich bewußt verzichtet. Niemand kennt Ihr Kind so gut wie Sie. Deshalb lesen Sie sich jede Übung durch und prüfen dann, ob Sie Ihnen geeignet erscheint. Beginnen Sie mit dem, was Ihnen am meisten Spaß macht. Und probieren Sie nie zuviel auf einmal. Weniger ist mehr. Ein ruhiges Spiel pro Tag kann durchaus genügen. Vielleicht wird später daraus eine stille Stunde, die die ganze Familie genießen kann. Stille kennt keine

Uhrzeit – ein Augen-Blick kann sich dehnen. Und daß durch so entdeckte Achtsamkeit ein bißchen mehr Frieden in Ihre Familie einzieht, wünsche ich Ihnen von Herzen.

Als kleine Brücke oder Hilfen, mit denen Sie Ihr Kind an das Buch und an die Stilleübungen heranführen können, ist am Anfang eines jeden Kapitels ein Mandala zum Ausmalen gestellt. Für Kinder, die gerne malen – und welches Kind tut das nicht –, ist dies ein guter Weg, das Nützliche mit dem Lustvollen zu verbinden. Stillewerden kommt so schon von vornherein überhaupt nicht erst in den Verdacht, etwas mit Langeweile und Fadheit zu tun zu haben. Stillewerden ist etwas Spielerisches, das Spaß machen darf. Kinder sollten das nicht mit Pflicht, sondern eher mit einer besonderen Form der Freizeitgestaltung in Verbindung bringen.

Natürlich könnte man die Mandalas auch kopieren und die Kopien ausmalen. Das ist vielleicht eine Möglichkeit, die sich bei mehreren Kindern empfiehlt. Man kann Kopien machen, diese ausmalen, ausschneiden und aufkleben. Besonders gut gelungene Arbeiten möchten Kinder sogar rahmen und über das Bett oder den Schreibtisch hängen.

Doch lassen Sie das Kind ruhig auch ins Buch hinein malen. Es wird den besonderen Reiz dieses Buches ausmachen, wenn die Kinder bei der Gestaltung mitgewirkt haben. Es wird auf diese Weise zu „seinem" Stille-Buch.

Wenn Sie zuvor mehr über Mandalas und ihre Funktion wissen wollen, können Sie vielleicht schon jetzt das 9. Kapitel, das ganz der „Arbeit" mit Mandalas gewidmet ist, durchlesen.

1. Kindheit heute oder:
Warum dieses Buch?

Glaubt man den Aussagen vieler Erwachsener, dann sind
Kinder heute schwer zu haben. Sie sind nervig, unkonzen-
triert, unruhig und aggressiv. Kurz: außer sich. Schon in
den achtziger Jahren erhielten rund 10 Prozent aller Kinder
im Schulalter Psychopharmaka, und *Klaus Hurrelmann*,
der wohl bekannteste Kinder- und Jugendforscher in
Deutschland, bescheinigt, daß in den neunziger Jahren ein
Drittel der Kinder regelmäßig wöchentlich in den
Arzneischrank der Familie greift. Die Unmengen an Medi-
kamenten, die Kindern verpaßt werden, sprechen eine
deutliche Sprache – doch damit nicht genug.

Kinder, so Hurrelmann, leben heute mehr und mehr wie
kleine Erwachsene – nur haben sie viel weniger Selbstbe-
stimmungsrechte. Eine gefährliche Umwelt, die Eltern
und Kinder zutiefst ängstigt, verhindert, daß sie alters-
gemäße notwendige Körper- und Sinneserfahrungen machen können, und statt draußen herumzutoben, auf Bäume
zu klettern, zu balancieren und zu springen in engen Wohnungen vor elektronischen Medien ihre Freizeit verbrin-
gen.

Die systematische Zerstörung der Natur ist nicht nur
der größte Angstauslöser, sondern entwurzelt die Kinder,
schneidet sie von ihren natürlichen Entwicklungszusam-
menhängen ab und treibt sie in eine Isolation, die bei vielen panikartige Unruhe, Schlafstörungen und Zerfahren-
heit auslöst. *„Viele Kinder müssen heute ohne jene
psychische und soziale Schutzschicht auskommen, die El-*

tern und Gesellschaft Heranwachsenden früherer Generationen wie selbstverständlich bereitstellten. Einen Schonraum für ihre Entwicklung kennen die Kinder der neunziger Jahre nicht. Ohne Filter sind sie den sozialen, politischen, wirtschaftlichen und auch ökologischen Umwälzungen ausgesetzt, müssen sie genauso aufnehmen und verarbeiten wie Erwachsene" (Hurrelmann in: Psychologie heute, 10/94, S. 72).

Mit dem Verschwinden der Kindheit verschwinden auch ihre typischen Krankheiten. Heute leiden Kinder an den Beschwerden der Großen: „Erschöpfungszustände, Nervosität und Unruhe, Erkrankungen der Atemwege und des Verdauungstraktes, Magenverstimmungen und Schlafstörungen" (Hurrelmann, ebenda).

Welche Illusion zu glauben, dem allein mit Konzentrationsspielen oder Entspannungstraining beikommen zu wollen! In einer Welt voller Unruhe, Entfremdung, Angst und Unsicherheit ist es vor allem Aufgabe der Erwachsenen, ihren Umgang mit der Natur – und auch mit der natürlichen Zeit – neu zu überdenken, Werte zu überprüfen und für sich selbst einen Weg zu finden, der Pausen, Innehalten, Neudenken und zu sich selbst finden beinhaltet. Nichts schwieriger als das!

Viele Menschen geraten allein bei der Vorstellung, zwanzig Minuten lang nichts zu tun, geradezu in Panik. Stille gibt es kaum noch. Und sie macht Angst.

In vielen Städten herrscht 24-Stunden-Lärm. Einsame schalten den Fernseher ein, um von menschlichen Stimmen umgeben zu sein. Notgedrungen stumpfen wir gegen Lärm immer mehr ab. Motorengeheul ist uns zur alltäglichen Geräuschkulisse geworden, wir verbreiten ihn innerhalb und außerhalb unserer vier Wände. Unsere Kinder haben keine Wahl. Sie wachsen in diese Welt hinein, und es scheint absurd, sie zu Stille-Übungen oder gar zur Meditation anleiten zu wollen.

Deshalb ist dies ein Buch für Erwachsene. Sind Sie bereit, an Inseln der Ruhe mitzuwirken? Nur wenn Eltern, Erzieherinnen und Lehrer in sich die Bereitschaft verspüren, jene verlorenen Paradiese wiederzuentdecken, mit Kindern aufzusuchen und allerorten zu fördern, kann sich natürliche Stille wieder ausbreiten. Stille ist ein Teil der Natur, und sie ist niemals geräuschlos. Das Rauschen der Wellen am Meer, das Plätschern eines Baches, der Gesang der Vögel, Rascheln im Laub, der Wind in den Bäumen – all das ist Teil der Stille.

„Stilleübungen sind keine Rezepturen eines schulärztlichen Notdienstes, erst recht sind sie schnellebigen Machern vorenthalten. Stilleübungen beginnen bei uns" schreibt *Eva-Maria Bauer* so treffend (in: Faus-Siehl, S. 52).

Und genauso wie Stille Teil der Natur ist, ist es auch die Zeit. Stilleübungen sind sinnlos, wenn wir nicht versuchen, zu natürlichen Rhythmen von Anspannung und Entspannung zurückzufinden. Sonne und Mond formen unsere Zeit auf Erden, beeinflussen unsere Körper und unsere Seele, auch wenn wir versuchen, sie den hektischen Rhythmen elektronischer Uhren oder des Straßenverkehrs zu unterwerfen. Ich glaube, daß wir unseren Kindern gegenüber eine Verpflichtung haben, ihnen wieder das Gefühl zu vermitteln, daß sie in der Lage sind, den Rhythmus des eigenen Lebens selbst zu bestimmen. Und diese Verpflichtung müßte auch für die Schule gelten.

Wer anfängt, Kinder zu beobachten, wird feststellen, daß viele die Fähigkeit zu Ruhe und Konzentration noch haben. Gerade Kleinkinder leben ganz im Hier und Jetzt, können mitten im Spiel in Schlaf versinken oder endlos lange in einer Pfütze rühren. Sie staunen schweigend über eine Schnecke oder schrauben einhundertdreiundachtzigmal einen Deckel auf und wieder zu. Sie können sich in Aufgaben versenken, die sie sich selbst gewählt haben, und empfinden dabei jenes tiefe Glück, das Wissenschaftler

„Flow" genannt haben und das entsteht, wenn wir achtsam für den Augenblick werden. Genau das ist Meditation.

Erst die Erwachsenen mit ihren Quarzuhren und Terminplanern, mit ihrem Müssen und Sollen und ihrer wahnwitzigen Geschäftigkeit mahnen Kinder zur Eile, verbreiten Druck und Ungeduld und reißen sie immer aus der selbstgewählten Versenkung, aus der „Polarisation der Aufmerksamkeit", wie Maria Montessori das nannte.

Daher ist es sinnvoll, von Kindern zu lernen, die Sinne zu gebrauchen und in jene zeitlose Ruhe einzutauchen, die Glück ist.

„Aber ich bitte Sie!" werden manche jetzt vielleicht stöhnen. „Was ist mit den unruhigen Kindern, mit den hypermotorischen, die schon von klein auf herumflitzen und in den Schulen die Lehrer zum Wahnsinn treiben?" Auch hier lohnt die Beobachtung. Was sind das für Kinder, und was sind das für Schulen? Es gibt viele Wege, diese Probleme zu lösen, nur einer kann nicht zum Erfolg führen: sich anzumaßen, diese Kinder zu ruhiger Anpassung an fremdbestimmte Strukturen zwingen zu dürfen.

Stille läßt sich weder durch lautes Gebrüll noch durch Verbreiten von Angst und Schrecken erzwingen.

Stille ist freiwillig und kommt prinzipiell von selbst. Kürzlich konnte ich in meiner Praxis ein Kind beobachten. In Sekundenschnelle stapelte es meine Meditationskissen übereinander, um sie dann mit einem kräftigen Faustschlag zum Einsturz zu bringen. Immer wieder.

Auch unruhige Kinder sehnen sich nach Wiederholung der Übung. Auch sie wollen neue und sinnliche Erfahrungen machen, ihren Körper erproben und etwas leisten. Auch sie sind neugierig und lernhungrig.

Vielen Erwachsenen fällt es schwer, das unruhige Treiben dieser Kinder als etwas Sinnvolles zu begreifen und die dahinterstehende Botschaft zu entschlüsseln. Sie könnte lauten: „Ich sprudele über vor Energie." Erst wenn man ihre Sprache, ihr körperlich-sinnliches Treiben versteht, kann ihnen geholfen werden.

Obwohl die Übungen in diesem Buch für Kinder gedacht sind, richtet es sich an alle, die in heutiger Zeit nach Auswegen suchen. Wir sind alle gefangen im Labyrinth der Hektik und Täuschung, des Verlorenseins und Nicht-weiter-Wissens. Wer bereit ist innezuhalten und dem Augen-Blick wieder Beachtung zu schenken, kann einen Weg finden, der seinem inneren Wesen entspricht. Achtsamkeit, die mit Aufmerksamkeit und Gewahrsein zu tun hat, ist für alle Menschen von hohem Wert. Wenn es uns gelingt, Achtsamkeit in alle Winkel unseres Lebens mit Kindern zu tragen, wird diese Welt ein freundlicher Ort. Hierzu beizutragen, ist mein größter Wunsch.

2. Stille-Übung oder Meditation:
Was ist das und was soll das?

Vielleicht gehören Sie auch zu denen, die verwirrt sind: Es gibt so viele Bücher, Kurse und Kassetten zum Thema Autogenes Training, Phantasiereisen und Meditation! Wie soll man sich da durchfinden?

Mein Vorschlag ist, zu den Anfängen zurückzukehren. Ursprünglich haben alle Kulturen der Welt Methoden erfunden, sich in andere Bewußtseinszustände zu versenken und durch die Stille neue Erfahrungen zu machen. Immer waren diese Erfahrungen mit Geistern, Göttern oder dem Großen Geheimnis verbunden, mit etwas, was höher ist als alle Vernunft.

Meditation heißt Innehalten, sich auf eine Mitte konzentrieren, die in uns selbst und gleichzeitig im Universum liegt. Dieses Innehalten ist etwas Alltägliches und allgemein Menschliches. Es ist Bestandteil aller Religionen, kann jedoch auch ohne Religionszugehörigkeit geübt werden.

Während in Europa die Meditationspraktiken unserer Vorfahren durch unsere geschichtliche und kulturelle Entwicklung weitgehend verloren sind, sind sie im Osten durch Verbindung zu Hinduismus und Buddhismus erhalten und zu wahrer Meisterschaft entwickelt worden. Wunder, die Christen von Jesus kennen, werden von Yogis und Schamanen praktiziert, sind für diese aber bedeutungslos: Das einzige Ziel der Meditation ist Einsicht in die Weisheit des Universums – und dies ist kein Ziel, das man im herkömmlichen Sinn durch Willen und Anstrengung erreichen könnte. Dennoch hat es mit Übung und freiwilliger Disziplin zu tun, Übung im Loslassen von Gedanken und freiwilliger Stille. Sich in dieser Art Meditation zu üben, setzt *eine bewußte Entscheidung voraus.*

Sie eignet sich für Kinder, die freiwillig etwas Üben möchten, weil sie von eigenen Gedanken gequält werden und nach Wegen suchen, Frieden und innere Stärke zu finden.

Weil sich mein Buch an *alle* Erwachsenen und Kinder richtet, möchte ich bei dem anfangen, was ist.

Ich werde daher verschiedene Wege vorstellen, die eine bewußte Entscheidung *später* ermöglichen.

Zu Beginn dieses Jahrhunderts versuchten einige Lehrer, die Weisheit des Ostens für den westlichen Menschen zu entdecken und nutzbar zu machen.

So entstand aus der von Freud und anderen im letzten Jahrhundert wiederentdeckten Hypnose das Autogene Training, eine von dem Berliner Arzt und Professor J. H. Schultz entwickelte Methode, den Körper gezielt zu beeinflussen. Gleichzeitig begannen indische Yogis und buddhistische Mönche in den Westen zu reisen, um den Menschen ihre Übungsmethoden zur Förderung körperlicher und seelischer Gesundheit nahezubringen. So wie verschiedene Völker verschiedene Wege fanden, entwickelten auch deren Schüler und spätere Lehrer unterschiedliche Praktiken, die alle ihre Berechtigung haben und alle nützlich sind.

Nachdem zwei Weltkriege überwunden wurden bzw. mit Schrecken endeten, konnten immer mehr Menschen erproben, wie wohltuend Yoga, Phantasiereisen, Meditation und Vorstellungskraft für die Gesunderhaltung des Menschen ist.

Die vielen guten Erfahrungen, die seitdem mit verschiedensten Entspannungsmethoden gemacht wurden, fügen sich zu einem bunten Strauß an Angeboten, die

Menschen helfen können, zu sich selbst zu finden, Inseln der Ruhe zu errichten und der Stille der Natur wieder lauschen zu wollen. So ist zu hoffen, daß all jene nach und nach mithelfen, die Welt zu einem ruhigen und damit auch friedlichen Ort zu machen. Welche Methode ist nun aber für Sie und Ihr Kind die richtige? Sie werden es leicht selbst herausfinden, denn die für sie geeignete Methode wird Sie ansprechen. Und die Kinder?

Sie haben eine natürliche Sehnsucht nach Stille. Schon drei- bis sechsjährige Kinder, so Maria Montessori, sind gern bereit, Stille zu üben. Warum?

„In der Stille erleben die Kinder ihr inneres Wesen und darin bisher verborgene Fähigkeiten. Durch die Stille werden diese Fähigkeiten gefördert und entwickelt" (Faust-Siehl, S. 24).

Stille dient außerdem der Erziehung zum Frieden und der Konfliktlösung. Streit, Kampf und Krieg sind laut. Frieden und Versöhnung still.

Das heißt jedoch keineswegs, daß Konflikte unter den Tisch gekehrt und Probleme nicht benannt werden dürfen! Streit sollte in jeder Familie und Schule offen, fair, laut und körperbezogen ausgetragen werden dürfen. Kinder wollen und müssen sich bewegen, und sie dürfen laut sein. Stille, wie auch Maria Montessori sie verstand, ist freiwillig und wird niemals autoritär verordnet. Wer „Ruhe!!!" brüllt, kann Kinder zwar einschüchtern oder zum Lachen bringen, wird aber so der Stille nicht auf den Weg helfen. Erwachsene sind stets Vorbild. Und Lernen vollzieht sich zu einem großen Teil an Vor-Bildern. Die Aufgabe des Erwachsenen – und auch dies ist ein Gedanke Montessoris – liegt darin, den Kindern stets zu helfen, *es allein zu tun.* Darin liegt das ganze Geheimnis.

Stille hat daher die Funktion, dem Kind den Weg zu sich selbst zu öffnen, es selber entdecken zu lassen, was in ihm ist.

Eigentätig entdeckte Stille ist ein Gegengewicht zu Hektik und Streß heutiger Zeit.

Die Wirkung dieser Erfahrung ist für Erwachsene und Kinder gleichermaßen wohltuend.

3. Wie fange ich an? – Was muß ich beachten?

Jede Reise von tausend Meilen
beginnt mit einem ersten Schritt
Lao-Tse

Alles Große beginnt im Kleinen und bei mir selbst. Jeder, der mit Stille-Übungen beginnt, sollte sich fragen: Bin ich bereit? Wenn wir selber innerlich zur Ruhe kommen, den Kindern wirklich zuhören, erkennen, was uns ihre Hände, ihre Körperhaltung und ihre Augen sagen, wenn wir anfangen, darauf zu achten, was sie fühlen, kurz, wenn wir achtsam werden, auch für uns selbst, dann ist der erste und wichtigste Schritt schon getan.

Achtsam sein für mich selbst, das heißt, mich zu fragen:
– Was fühle ich gerade?
– Wie geht es mir?
– Wie fühlt sich mein Körper an?
– Strahlt er Ruhe oder Unruhe aus?
– Was tun meine Hände?
– Wie ist mein Blick?
– Sprechen meine Augen zu den Kindern?
– Was sagt mein Mund?
– Ist er verkniffen oder weich?
– Welchen Klang hat meine Stimme?
– Wie klar sind meine Worte?
– Sage ich das, was ich sagen möchte?

Bevor Sie mit eigentlichen Stille-Übungen mit Kindern beginnen, empfiehlt es sich, tagtäglich diese Art Achtsamkeit zu praktizieren – z. B. bevor Ihre Kinder zum Frühstück erscheinen, bevor Sie den Klassenraum betreten oder die Kinder Ihrer Gruppe begrüßen.

Ich weiß, wie schwer das ist. Hilfreich kann sein, sich einen Stein, eine Blume oder sonst etwas Schönes so aufzustellen, daß man ihr mehrmals täglich begegnet und so daran erinnert wird, kurz innezuhalten, auf den Atem zu achten, vielleicht sich auch Zeit für ein Lächeln zu nehmen. Von Buddha wird gesagt, er habe einmal einen Vortrag gehalten, ohne ein einziges Wort zu benutzen. Er zeigte der Menge eine Blume.

Unumgänglich ist auch, sich selbst einer meditativen Praxis zu unterziehen. Wer sich der Disziplin unterwirft, zweimal täglich zwanzig Minuten ruhig zu sitzen, auf den eigenen Atem zu achten und seine Gedanken zu beobachten, ohne sie zu bewerten, wird neue Erfahrungen machen und langfristig Veränderungen spüren. Wen zwanzig Minuten zu sehr schrecken, kann auch mit fünf oder zehn Minuten beginnen. Fünf Minuten sind besser als nichts!

Sie werden bemerken, daß Dinge, die vorher unwichtig waren, wichtig werden. Unwichtiges bekommt eine neue Bedeutung. Wir lernen, wie die Dinge sind, und können auf heitere Art Gelassenheit spüren.

In der Arbeit mit Kindern können wir zweierlei beobachten: Sie sind neugierig, und sie lieben die Wiederholung. Vielleicht fragen sie uns, was die Blume oder der Stein zu bedeuten haben. Wir können ihnen ehrlich antworten, wie schwer wir es mit der Achtsamkeit haben und was wir selber üben. Überhaupt sollten wir auf die Gestaltung des Raumes, in dem wir uns mit den Kindern befinden, Einfluß nehmen.

Wir haben wohl kaum die Wahl zwischen einem Blick ins Grüne oder auf eine Mauer. Die Freundlichkeit der Atmosphäre im Raum jedoch können wir schon mitbestimmen. Eine klare Gliederung und Ordnung, Übersichtlichkeit und freundliche Farben, z. B. auch durch

Tücher oder Decken, helfen uns, die Atmosphäre zu beeinflussen.

Stille, ruhige Musik und ein besonderer Duft können
Teil eines stillen Rituals werden.

Der Kreis ist in Gruppen die geeignete Sitzordnung. Im
Kreis ist niemand ausgeschlossen, und alle sind sich gleich
nah. Dennoch ist jeder auch für sich. Der Kreis hat eine
Mitte, die mit einer Kerze, mit Blumen, Steinen oder
Tüchern oder was sich sonst anbietet, gekennzeichnet
werden soll. Meditationskissen oder Sitzbälle sind eine lu-
xuriöse Anschaffung, die sich unbedingt lohnt. Sitzkissen,
die man mit Eltern und Kindern aus Schafwolle selber an-
fertigen kann, tun es auch. Mit selbstgefertigten Dingen
identifizieren sich die Kinder sehr stark und gehen deshalb
auch sorgfältig damit um. Alle Kinder sollten verschiedene
Meditations-Haltungen kennenlernen (S. 00), es stört jedoch nicht, wenn einige sich später auf den Bauch oder den
Rücken legen. Kleine Rituale erleichtern das Stillsein und
geben den Kindern das Gefühl von Sicherheit und Geborgenheit.

Rituale zu Beginn

Das Einnehmen eines Sitzkreises sollte geübt sein, bevor
Sie mit Stilleübungen im Kindergarten oder in der Schule
beginnen. Der morgendliche Erzählkreis oder das Vorlesen
sind gute Übungsmöglichkeiten. Lassen Sie die Kinder immer in derselben Reihenfolge und nach demselben Zeichen (optisches und/oder akustisches Signal) in den Kreis
kommen. Es empfiehlt sich, den Ort, an dem die Kinder im
Kreis sitzen werden, mit Kreide oder Klebeband auf dem
Fußboden zu markieren. Fragen Sie die Kinder auch ruhig
zuvor, wie sie es wohl gemeinsam am besten schaffen, ruhig zu werden, und greifen Sie die Vorschläge auf.

Lächeln sie die Kinder an, die es besonders gut gemacht haben, oder verbeugen Sie sich schweigend vor ihnen. Als akustisches Signal sind tibetische Zimbeln, Klangschalen oder Glocken besonders geeignet. Sie haben einen wunderschönen Klang! (Bezugsquelle im Anhang.) Achten Sie darauf, daß diese Instrumente nur zu diesem feierlichen Zweck benutzt werden dürfen.

Auch gemeinsam gesungene Lieder, einfache Tänze, rezitierte Sprüche oder Verse eigenen sich gut (S. 00).

Sie helfen allen, Abmachungen einzuhalten. Scheuen Sie sich jedoch nicht, ein Vorhaben freundlich aber bestimmt abzubrechen, wenn sich die Atmosphäre nicht herstellen läßt. Niemals sollten Sie Druck anwenden.

Ist es gelungen, einen stillen Kreis zu bilden, sollten Sie jeweils die gleiche Anweisung geben. Zum Beispiel:

> *„Wir sind ruhig und machen es uns bequem. Der Rücken ist gerade, und wer möchte, kann schon jetzt die Augen schließen. Früher oder später könnt ihr beginnen, auf den Atem zu achten. Meine Beine sind ruhig und stehen mit beiden Füßen auf dem Boden, als wären sie in der Erde verwurzelt. Meine Arme liegen locker im Schoß und ruhen sich aus. Meine Hände werden zur Schale, die alles aufnimmt, was mich erwartet. Ich spüre, wie gleichmäßig mein Atem geht und wie mein Körper sich fühlt. Ich spüre das, was in mir ist, und während ich weiter auf meinen Atem achte ...*

Es folgt nun die jeweilige Übung.

Stimme und Sprache sind wichtig

Wenn Sie den Kindern Vorschläge machen oder Anweisungen geben, ist es wichtig, auf Ihre Sprache zu achten. Ich habe schon darauf hingewiesen, daß der Klang der Stimme von großer Bedeutung ist. Es ist Ihnen vielleicht bekannt, daß der Tonfall stets bedeutsamer ist als der Inhalt der Worte. „Ja" kann wie „nein" klingen und umgekehrt. Wenn wir etwas erreichen wollen, müssen wir eindeutig sein! Nur wenn Ihre Stimme ruhig ist, können auch die Kinder zur Ruhe finden.

Bei Ihrer Wortwahl sollten Sie darauf achten, positive Formulierungen zu benutzen. „Nicht laut" wird vom Gehirn als „laut" registriert, genauso wie jeder an einen rosa Elefanten denkt, wenn Sie sagen: „Denkt nicht an einen rosa Elefanten!" Sie können den Kindern auch nicht vorschreiben, was sie zu empfinden haben, wie dies bei einigen mechanischen Entspannungsübungen empfohlen wird, wenn es heißt, „der Arm wird schwerer". Jeder empfindet anders, daher ist es wichtig, den Kindern *immer* die Wahl zu lassen: „Früher oder später wirst du bemerken, daß dein Arm leicht oder schwer, warm oder kalt geworden ist." Kinder experimentieren gern. Lassen Sie sie also selbst herausfinden, wie sie sich fühlen! Auch zeitliche Vorschriften sind zu vermeiden. Wenn Sie Worte wie „früher oder später" oder „vielleicht schon jetzt" benutzen, ist niemand ausgeschlossen.

Entspannen ist ein fließender Prozeß, benutzen Sie daher auch eine fließende Sprache, indem Sie Formulierungen mit „und" oder „während" aneinanderreihen.

„Und während du auf deinen Atem achtest, wirst du früher oder später bemerken, wie wohltuend es sein kann, die Augen zu schließen ..."

Einfache und klare Bilder, die dem einzelnen die Möglichkeit geben, sie nach eigenen Vorstellungen auszubauen, machen die Übungen effektiv, z. B.:

„So, wie man einen Anker tief ins Meer sinken läßt, um einem Schiff Halt zu geben, kannst du auch tief in dir einen Anker setzen und dir erlauben, schon jetzt oder später Halt zu machen und auszuruhen …"

In der Schule – aber auch in der Familie oder sonst im Leben – wird ständig bewertet. Auch mit Sprache.

Achtsamkeitspraxis setzt voraus, *nicht zu bewerten*, die Dinge so zu nehmen, wie sie sind. Daher sollten wir unsere Sprache auf Bewertungen hin überprüfen.

Wer achtsam ist, nimmt seine Gefühle aufmerksam zur Kenntnis, bewertet sie aber nicht. *Thomas Gordon* hat dies auch die „Sprache der Annahme" benannt. Er weist auf die Notwendigkeit von „Ich-Botschaften" hin. So werden Vorwürfe, die nie weiterhelfen, vermieden. „Das hat mich wütend gemacht" oder „ich spüre, daß ich zornig werde" wären solche Botschaften. Ziel der Achtsamkeitspraxis wäre es, die Energie solcher Gefühle in Stärke und Weisheit umzuleiten. Ein Ziel, das beachtet, aber sicherlich erst nach Jahren der Übung erreicht werden kann. Gordon weist auch auf „Türöffner" hin, die ein Gespräch im Fluß halten, anstatt es abzubrechen. Kleine Bemerkungen wie „aha", „interessant", „hmm" erhalten den Kontakt zum Gegenüber und fördern einen vertrauensvollen Umgang, weil sie nicht vorschnell bewerten.

Ohne die Sprache der Annahme, ohne dem anderen das Gefühl zu geben, ihn so anzunehmen, wie er oder sie ist, sind Stilleübungen wertlos.

Was die Haltung verrät

„Wir leben in einer würdelosen Zeit", heißt es so treffend in dem Roman „In geheimer Mission", der schon in den fünfziger Jahren geschrieben wurde. An diesen Satz muß ich oft denken, wenn ich Menschen, so auch mich selbst, beobachte. Es gibt kaum noch Männer oder Frauen, die Würde ausstrahlen, und Achtsamkeitspraxis ist eine gute Methode, zu Würde und Haltung zurückzufinden.

„Wenn wir uns hinsetzen, um zu meditieren, spricht unsere Haltung durch uns. Sie macht eine eigenständige Aussage. Man könnte sagen, daß die Haltung selbst schon Meditation ist. Sinken wir in uns zusammen, spiegelt dies Energiemangel, Passivität oder fehlende Klarheit wider. Wenn wir dasitzen, als ob wir einen Besenstiel verschluckt hätten, sind wir angespannt, strengen uns zu sehr an. Wenn ich Menschen in der Meditation unterweise und sie auffordere, auf eine Weise zu sitzen, die Würde verkörpert, so bemühen sich alle Anwesenden augenblicklich, sich aufrechter hinzusetzen. Die Gesichter entspannen sich, die Schultern fallen herab, und Kopf, Hals und Rücken nehmen eine lockere, ganz harmonische Haltung ein (Kabat-Zinn, S. 102). Kleine Kinder sitzen von selbst in dieser Haltung. Ursprünglich scheint jeder das Gefühl der Würde zu kennen und zu wissen, wie man ihm Ausdruck verleiht. Vielleicht müssen wir Erwachsene, aber auch die uns anvertrauten größeren Kinder von Zeit zu Zeit an unsere Würde und unseren Wert erinnert werden.

Eine Sitzhaltung, die Würde zum Ausdruck bringt, strahlt nach innen wie außen. Es ist gut, die Kinder selber zu einer solchen Haltung finden zu lassen. Das Bild eines Berges kann ihnen dabei helfen.

Das Bild eines Sees vermittelt Stille. Lassen Sie die Kinder experimentieren, ob sie sich einen See besser im Liegen oder im Sitzen vorstellen können.

Von Bedeutung ist auch, ob wir direkt auf dem Boden sitzen oder auf einem Stuhl. Welche Erfahrungen machen die Kinder damit?

Daß viele Kinder – und Erwachsene – heute Haltungsschäden haben, hängt u. a. mit unserem mangelnden Erd-

Kontakt zusammen. Wir haben den Boden unter den Füßen verloren und drohen oft auch innere Haltungen zu verlieren. Es mangelt allerorten an menschlichen Vor-Bildern. Bäume, Berge und Seen können uns helfen, zu einer menschlichen Haltung zurückzufinden. Sie alle sind im Boden verwachsen.

Auch in der Geh-Meditation können wir mit dem Boden Kontakt aufnehmen und mit der Anhaftung experimentieren. Unsere Hände sprechen eine ganz eigene Sprache. Schon Kinder kennen verschiedene Handzeichen. Yogische und meditative Traditionen kennen Positionen der Hände und Füße, die das innere Wachstum anregen und fördern. Sie werden Mudras genannt. Wenn Sie sich buddhistische Gemälde oder Statuen ansehen, werden Sie die Hände immer wieder in bestimmten Positionen finden.

Kinder sollten die Ausstrahlung solcher Gesten und Haltungen erfahren dürfen und selber herausfinden, was zu ihnen paßt. Sollten die Finger der einen Hand über denen der anderen liegen und die Daumenspitzen sich sanft berühren? Oder sollten jeweils Daumen und Zeigefinger einer Hand einen Kreis bilden? Ist es angenehmer, die Handflächen nach oben zu öffnen und Offenheit und Empfänglichkeit zu verkörpern, oder sollten die Handflächen nach unten gewandt auf den Knien liegen? Welches Gefühl stellt sich ein, wenn ich die Hände über der Brust kreuze? Und was bewirkt es in uns, die Handflächen vor dem Herzen aneinanderzulegen?

Wie fühlt sich eine geballte Faust an, und läßt sich die Wut aufrechterhalten, wenn wir die Fäuste öffnen und die Handflächen vor dem Herzen aneinanderlegen?

Gandhi soll in dieser Haltung gestorben sein, nachdem ihn sein Mörder aus nächster Nähe angegriffen hatte.

Es lohnt sich, mit Kindern immer wieder zu experimentieren, wie Haltungen uns beeinflussen. Es ist der Beobachtung wert herauszufinden, wie die Haltung unserer Hände Einfluß auf die Art hat, wie wir Dinge und Menschen, vor allem Kinder, berühren. Fast jede Handlung ist mit Berührung verbunden. Es gäbe kein schöneres Ziel, als hierin Achtsamkeit zu üben.

4. Vom Umgang mit sogenannten Störern und Störungen

Normalerweise wünscht man sich für stille Stunden und Entspannung Ruhe. Störungen aller Art sind unerwünscht und sollten vermieden werden. Wäre es nicht herrlich, an einem Bächlein zu meditieren oder unter einer Rotbuche von zwei Metern Durchmesser? Leider muß gesagt werden, daß niemand ideale Bedingungen vorfinden wird. Am Bächlein wird uns die Hose naß oder ein Stein drückt. Unter der Buche stört uns ein Tiefflieger, in der Familie das Baby oder das Telefon und im Klassenraum der Zappelphilipp. Ach, wenn es nur *einer* wäre! Das Telefon klingelt nun mal, und immer wird es Menschen geben, die uns stören, nerven oder gar „alles kaputtmachen". Da es sie gibt, diese Millionen Störungen, lohnt es sich, darüber nachzudenken.

Wir sind geneigt, Störendes zu beseitigen, auszumerzen, abzuschaffen. Gegen Kopfschmerzen nehmen wir Tabletten, gegen Langeweile Zigaretten, gegen Insekten Gift, gegen Stumpfsinn Fernsehen. In der Studentenzeit rannte ich Parolen nach, die alle mit „weg mit ..." anfingen. Inzwischen habe ich begriffen, daß sich *nichts aus der Welt schaffen läßt*. Was immer wir tun, hinterläßt Spuren, was immer wir bekämpfen, bleibt. Meine Wut ist da, auch wenn ich sie runterschlucke, meine Angst ist da, auch wenn ich sie nicht sehen will. Alles, was wir bekämpfen, bleibt unser Feind – immer.

Wer seine eigenen oder ihm anvertraute Kinder mit Strafen zu bekämpfen sucht, schafft sich Feinde. So kann kein Kind die Stille entdecken. Kann es uns wundern, daß in einer Untersuchung der Universität Trier festgestellt wurde, daß hyperaktive Kinder Eltern haben, die sie häufig bestrafen (vgl. Psychologie heute, 9/95 S. 00)? Ja – aber was soll man denn sonst tun?

Immer, wenn wir Menschen aufgrund ihres Verhaltens ablehnen, sind wir aufgefordert zu prüfen, was dieses Verhalten in uns anspricht und auslöst. Nehmen wir einmal an, ein Mensch ist sehr laut und drängt sich immer wieder in den Vordergrund. Stört mich das, weil ich mich selber gern im Vordergrund sähe? Oder weil ich den Anteil in mir, der gern im Vordergrund stünde, besonders stark unterdrücke?

Jedes Ding trägt sein Gegenteil in sich, und jeder Mensch hat einander widersprechende Anteile in sich, weshalb wir auch so oft unter inneren Konflikten leiden.

Als ich neulich einer Klientin vorschlug, vielleicht einmal einen Entspannungskurs zu besuchen, fuhr sie mich an: „Warum gibt es eigentlich keine Kurse, in denen Lahmärsche lernen, in die Puschen zu kommen? Warum sollen immer nur die Lauten ruhig werden?" Ich konnte bemerken, daß mir so ein Kurs im „dynamisch werden" sicherlich auch guttäte. Allerdings bestätigen geübte Meditierer, daß sie durch ihre Übungen nicht nur mehr Ruhe, sondern auch mehr Schaffenskraft und Energie in sich spüren.

Jedes Ding, jeder Mensch, jedes Wesen, das dir begegnet, kann dein Lehrmeister sein. Oder, wie der amerikanische Hypno-Therapeut Milton Erickson es ausdrückt: *Du kannst alles nutzen.* Jede Störung, jede Krankheit, jede Unruhe hat ihren Nutzen, und du kannst sie nützen und daraus lernen.

„Besser ist es, ein Licht anzuzünden, als auf die Dunkelheit zu schimpfen", sagt ein chinesisches Sprichwort.

Was heißt das nun im Umgang mit Kindern?

Schimpfen ändert nichts. Ein Licht anzünden heißt, die sogenannten Störer als unsere Lehrmeister zu sehen. Was haben sie, was mir fehlt? Was von ihrem Verhalten kann ich für mich nutzen? Worin liegen ihre Stärken? Nahezu jedes Kind ist neugierig. Wenn wir etwas Interessantes und Ungewohntes einfach tun, möchten sie davon erfahren, mittun. „Du kannst gern mitmachen, aber es ist sehr schwer. Du mußt dabei ganz still sein. Ob du das schaffen kannst? Wollen wir mal probieren?" Fast alle Kinder sagen jetzt begeistert ja. Gelingt es dem unruhigen Kind nun, ein oder zwei Minuten still zu sein, ist dies schon ein großer Erfolg. Gelingt dies nicht, können wir dem Kind mitfühlend bestätigen, wie schwer das ist. Zwei Minuten Stille sind für ein hypermotorisches Kind eine großartige Leistung, auf der wir aufbauen können!

Wenn es sich um eine Kindergartengruppe oder Schulklasse handelt und wir wissen, daß bestimmte Kinder diese zwei Minuten nicht durchhalten können oder wollen, sollten wir *vorher* abklären, was das Kind in dieser Zeit tut. Entweder könnte es sich still in der Leseecke beschäftigen, in eine andere Gruppe oder ins Leiterinnenzimmer gehen. *Niemals* darf das als Strafe hingestellt werden, denn der Ausschluß aus der Gruppe ist schon Strafe genug. In regelmäßigen Abständen sollte man neue Versuche unternehmen und prüfen, ob sich das Kind weiterentwickelt hat. Je positiver die restliche Gruppe von den Übungen erzählt, desto intensiver werden sich auch die unruhigen Kinder bemühen, dabeisein zu dürfen.

Außerdem empfiehlt es sich, störende Geräusche mit der Formel „wann immer ich ein störendes Geräusch höre, das mich aus der Entspannung bringen will, werde ich bemerken, daß es mir nur hilft, mich noch tiefer zu entspannen und alle Gedanken loszulassen" unschädlich zu machen. Die Kunst besteht nicht darin, in der Stille der Natur entspannt zu sein, sondern im Streß der Alltagssituation entspannt zu bleiben. Jede Störung kann einen innerlich sagen lassen: „Und durch dieses Geräusch wird es mir gelingen, mich noch tiefer zu entspannen."

Manchen Kindern tut die körperliche Nähe, vielleicht sogar das Festhalten auf dem Schoß in solchen stillen Momenten gut. Körperkontakt kann sehr beruhigend wirken, weil er Sicherheit und Geborgenheit gibt. Und meist sind gerade die unruhigen Kinder unbeliebt und werden auch körperlich gemieden. Dadurch setzt sich ein Teufelskreis in Gang, der die Unruhe verstärkt. Eine Sonderschullehrerin sagte mir einmal: „Eigentlich wollen die Kinder ja alle nur eins: auf den Schoß genommen werden."

Natürlich sind ihren eigenen Kräften hier Grenzen gesetzt. Es kann ja auch immer nur ein Kind auf dem Schoß sitzen. Dennoch halte ich es für ein lohnenswertes Experiment, ob man nicht mit einer so einfachen und banalen Sache wie Auf-den Schoß-Nehmen Veränderungen erreichen kann. Oft wird auch gesagt, dies sei ja ungerecht den anderen gegenüber. Nach meinen Erfahrungen haben Kinder aber durchaus Verständnis dafür, daß es Situationen gibt, wo jemand etwas Besonderes braucht. Neue Schuhe bekommt ja in der Regel auch nur der, dem die alten nicht mehr passen – und Geburtstag hat auch immer nur einer. Wer sich in der Praxis der Achtsamkeit übt, wird bald eine Gelegenheit finden, auch die ruhigen, „artigen" Kinder mit einer liebevollen Geste zu beschenken. Ein Lächeln kann schon genügen.

In der Familiensituation wird das unruhige Kind wahrscheinlich häufig von kleineren Geschwistern gestört. Vielleicht ist gerade eines dieser Geschwister Anlaß zu Unruhe und Unsicherheit, Eifersucht und Angst.

Gerade deshalb ist es wichtig, mit diesem Kind etwas ganz Besonderes allein zu unternehmen. Einen stillen Spaziergang, eine Phantasiereise abends am Bett, eine Tee- und Kerzenstunde im eigenen Zimmer oder was Ihnen sonst Schönes einfällt. Je größer die Familie ist, desto mehr „ja, abers" wird es geben. Wenn es Ihnen jedoch wirklich wichtig ist, etwas für Ihr unruhiges Kind zu tun, werden Sie auch Wege finden. Vielleicht können die anderen Kinder für 30 Minuten zu einer Nachbarin, in den Sandkasten, zur Oma oder etwas mit ihrem Vater unternehmen.

Achten Sie auch genau auf Ihr eigenes Verhalten in störenden Situationen. Verlieren Sie gleich die Beherrschung und schreien „Nein!! Schon wieder das Telefon!!!"? Oder sagen Sie ganz ruhig: „Das stört uns jetzt nicht. Das Klingeln wird uns nur innerlich ruhiger machen."

Kinder lernen am Modell und durch die Beobachtung.

Von *Wilhelm Busch* stammt der Vers:

> *Bist Du wütend,*
> *zähl bis vier.*
> *Hilft das nicht,*
> *dann explodier!*

Sie können sich selbst und ihren Kindern beibringen, das Zähltempo von Tag zu Tag zu verlangsamen und mit tiefen Atemzügen in den Bauch hinein zu verbinden.

5. Gott schläft im Stein ...

Stein-Reich

Die Beschäftigung mit größeren Steinen, wie man sie am Strand oder in Bächen oder steinigen Gegenden findet, hat ohne viel Zutun oft meditativen Charakter.

Fast alle Kinder sammeln gern Steine und betrachten sie mit Hingabe. Wenn Sie in einer Gegend wohnen, in der es keine Steine gibt, kann dies zu einer schönen Urlaubsbeschäftigung werden. Sie werden steinreich.

Steine sind so alt wie die Erde selbst, unendlich viel älter als wir Menschen, viel älter als Pflanzen und Tiere. Man stelle sich vor, daß es Steine gibt, die seit vielen tausend Millionen Jahren auf unserer Erde liegen oder andere, die sogar aus dem Weltall auf unseren Planeten geflogen sind. Ehrfürchtige Stille kann sich ausbreiten, wenn wir erfahren, daß ein Stein über 1000 Millionen Jahre alt sein kann, und bedenken, wieviel Kälte und Hitze, Wasser, Luft, Erde und Leben über ihn hinweggegangen sein müssen.

Was sind Steine überhaupt?

Im Volksmund bezeichnet man alle festen Bestandteile der Erde so. Wissenschaftlich gesehen sind Steine Mineralien, das heißt Naturstoffe. Fast alle Mineralien bilden Kristalle – z. B. Salz – und diese wiederum bestehen aus unvorstellbar vielen Bausteinen, nämlich den Atomen verschiedener Elemente. Vieles von dem, was uns umgibt, besteht aus Kristallen. Das Gestein der Erde und des Mondes, der Sand, Kiesel, unsere Knochen, ja sogar unsere Hormone können kristallisieren. Betrachtet man zum Beispiel eine Kieselalge unter dem Mikroskop, sieht man ein Mandala. Auch die Zellwände dieser Kieselalge bestehen aus kleinsten Quarzkristallen.

Aus diesem wie vielen anderen Beispielen aus der Natur und Wissenschaft wird deutlich, daß wir tatsächlich „eins mit dem Universum" sind und daß auch in uns jene Seins-Struktur lebendig ist, die alles Leben erhält.

Wenn Sie zu den glücklichen Menschen gehören, denen ein Garten zur Verfügung steht, können Sie mit Ihrem oder mehreren Kindern mit gesammelten Steinen etwas pflastern. Hierzu benötigen Sie Sand als Untergrund, in den die Steine mit einem großen Hammer geklopft werden. Die Kinder werden das um so lieber tun, wenn sie vorher eine Straße oder einen Hof mit Kopfsteinpflaster oder eine in einem Park oder Schloßgarten gepflasterte Anlage besichtigt haben. Auch in Gartenbüchern findet man hierzu Anregungen. Vielleicht können Sie auch im Kindergarten oder in der Schule Ihres Kindes aktiv werden. Je weniger die tätigen Kinder bei dieser Arbeit reglementiert werden, desto stiller und hingebungsvoller werden sie sich der Arbeit widmen.

Ganz ähnlich ist es mit der Aufschichtung von Trockenmauern oder Kräuterspiralen.

Besonders schön ist auch ein Kräuter-Mandala). Addison sagte einmal, der Mensch benötige drei Dinge, um glücklich zu sein: etwas vollbringen, auf etwas hoffen und etwas lieben. Bei der Anlage so eines kleinen Gärtchens mit Steinen kann man dieses stille Glück erfahren.

Aber auch in der Wohnung läßt sich still mit Steinen spielen. Besorgen Sie Filz, am besten vom Meter, in natürlichen Farben. Mit Märchenwolle und Steinen lassen sich wunderschöne Landschaften darauf gestalten, in denen Zwerge oder Tiere leben können.

46

Stille Spiele mit Steinen

Was erzählt der Stein

Alle, die mitspielen, suchen sich einen Stein aus. Jeder setzt sich mit geradem Rücken still in den Kreis und hält seinen Stein in der Schale der Hände. Was erzählt der Stein? Nachdem Sie eine Zeitlang ruhig waren, erzählt jeder seine kleine Geschichte.

Für ein anderes Stein-Spiel braucht man mehrere Kinder oder Erwachsene:

Den Stein erkennen

Sie sitzen im Kreis, jeder hat einen Stein seiner Wahl. Nach einer Weile und nachdem jeder seinen Stein genau betrachtet und befühlt hat, werden die Steine hinter den Rücken genommen und dort weitergegeben, so daß sie für die Augen nicht sichtbar sind. Wann kehrt nun dein Stein zu dir zurück? Erkennst du ihn?

Dem Stein etwas übergeben

Wenn Sie oder Ihr Kind etwas bedrückt oder Sie etwas loswerden wollen, können Sie es mit folgender Übung probieren.

Suchen Sie sich einen passenden Stein. Entspannen Sie sich im Sitzen oder Gehen und halten Sie dabei den Stein in einer oder beiden Händen. Bitten Sie den Stein, Ihnen bei der Lösung des Problems zu helfen bzw. um die Erlaubnis, ihm etwas zu übergeben, was Sie loswerden möchten. Lauschen Sie die Stille – Sie werden bemerken, ob Sie die Erlaubnis bekommen oder nicht. Sitzen Sie dann ganz still und übergeben Sie dem Stein das, was Sie loswerden möchten. Bedanken Sie sich bei dem Stein, und legen ihn da ab, wo Sie ihn hergenommen haben.

Kraft-Stein

Wenn Sie oder Ihr Kind vor einer schwierigen Aufgabe stehen, können Sie einen Stein bitten, Ihnen Kraft zu geben. Suchen Sie sich hierfür wiederum einen passenden Stein aus. Entspannen Sie sich gemeinsam mit dem Stein wie in der vorherigen Übung beschrieben, und bitten Sie dann den Stein in einer stillen Meditation um Kraft. Bedanken Sie sich bei dem Stein, und tragen Sie ihn mit sich herum, bis die schwierige Aufgabe gelöst ist. Das kann Kindern zum Beispiel auch vor einer Klassenarbeit helfen.

In der indianischen Tradition sollten Steine niemals von ihrem Platz entfernt werden, wo ihr „zu Hause" ist.

Damit wird die Achtung zum Ausdruck gebracht, die man dem Stein entgegenbringt. Allen Mitgeschöpfen wieder mit Respekt zu begegnen, ist ein Weg zur Heilung der Erde.

Stille, Erholung und Weisheit läßt sich daher gut auf einem Spaziergang mit einem Kind oder mehreren entdecken.

Vielleicht begegnen Sie einem Stein. Vielleicht können Sie ihm mit Achtung begegnen. Vielleicht möchten Sie ihn um Rat oder Hilfe bitten. Ganz sicher werden Sie auf diese Weise neue Erfahrungen machen, die Sie und Ihr Kind still werden lassen.

6. Stille-Übungen mit Pflanzen

Blüten und Blätter keimen und wachsen

Es heißt, der Buddha habe einmal eine Rede gehalten ohne ein einziges Wort zu gebrauchen. Er zeigte der Menge eine Blume.

Schon Babys läßt man an Blumen riechen, um sie dann mit einem „Hatschi" zum Lachen zu bringen. Die bunten Farben und vielfältigen Formen von Blüten und Früchten sind für Kinder faszinierend und anziehend. Über die Kraft, mit der ein Löwenzahn das Pflaster durchbricht oder seine unzähligen Fallschirmchen über die Erde verteilt, kann man genauso staunen wie über die Vielfalt der Früchte, von denen viele eßbar, einige zum Spielen gut geeignet und wiederum andere zum Lachen sind, wie die Ahorn-Nasen, die zerteilt als Nasenkleber dienen.

Es spielt keine Rolle, ob Sie in einer Stadt oder auf dem Land leben – Pflanzen gibt es überall, sogar in Straßenbelag und Mauerritzen. Ein Leben ohne unsere grünen Brüder wäre schrecklich und unvorstellbar. Wenn wir uns dies immer wieder vergegenwärtigen und allen Pflanzen mit Ehrfurcht und Achtung begegnen, werden auch unsere Kinder jene Achtsamkeit entwickeln, die notwendig ist, um uns am Leben zu halten. Denn richtig heißt es in einer Inschrift im Berliner Botanischen Garten: *„Habt Ehrfurcht vor der Pflanze. Alles lebt durch sie."* Es sind oft kleine Gesten, mit denen wir unsere Ehrfurcht ausdrücken: So entschuldigen wir uns bei der Blume, bevor wir sie pflücken, und bei der Pflanze, die wir als „Unkraut" ausreißen. Wir können Kindern auch von den Pflanzengeistern erzählen, die alle Pflanzen behüten und schützen, und wir können ihnen erklären, daß Pflanzen ihre eigene Sprache haben und auch wir ihnen mit unseren Gedanken und Worten helfen können. Bewiesen ist auch, daß Pflanzen Musik „lieben" und daß ihre Betrachtung, ja selbst ihr Abbild, Menschen heilen kann. So wurde der schwerkranke Sigurd Elert, der als Fotograf für Umweltzerstörung bekannt war, geheilt, indem er durch fast noch unberührte Naturparks wanderte und dort Bäume und Waldstücke fotografierte. Sein Aufnahmen hängen heute in vielen Krankenhäusern und therapeutischen Einrichtungen, und Kinder, die kinäsiologisch behandelt werden, betrachten seine Fotos zur täglichen Meditation.

Folgender Versuch mit Kresse kann auch Zweifler überzeugen:

Füllen Sie zwei Schälchen mit Watte, die gut gewässert wird, und streuen Sie Kressesamen darüber. Stellen Sie beide Schälchen an einen lichten Ort. Während die eine Schale nie diesen Platz verläßt, nehmen Sie die andere täglich für Ihr Kind herunter, und bitten Sie es, der Pflanze gute Gedanken und freundliche Worte zu schicken. Etwa so: „Liebe kleine Pflanze, ich wünsche dir, daß du gesund heranwächst und dich freust, bei mir zu sein. Ich mag dich und wünsche dir alles Gute. Ich freue mich, daß du zu mir gekommen bist ..." Überlassen Sie diese Übung Ihrem Kind, das auf die ihm eigenen Weise mit der Pflanze reden wird. Nach spätestens sechs Tagen können Sie die beiden Kresseschalen vergleichen.

Auf diese einfache Weise hat meine kleine Tochter übrigens schon so mancher Topfpflanze in unserem Haushalt geholfen. Wenn Sie Ihr Kind auf diese Weise herausfinden lassen, was es der Pflanze sagen möchte und was die Pflanze selber zu sagen hat, wird es von selber still und andächtig.

In Kindergruppen kann man diese Übung auch mit Blumen durchführen. Aus einem schönen Strauß in der Mitte darf sich jedes Kind eine Blume wählen, die es an seinem Platz in die Vase stellt. Welchen „Vortrag" hält dir die Blume, und was möchtest du ihr sagen?

Dies kann auch als Vorübung zum Malen einer Blume verstanden werden. Viele Blüten sind Mandalas, das heißt um eine Mitte angeordnet (vgl. Kapitel 9), und stellen von ihrer Form einen Bezug zu unserem eigenen Zentrum her.

Wenn man mit Kindern Naturmaterialien wie Früchte und Blüten sammelt, lassen sich aus diesen Muster und Mandalas legen, eine Beschäftigung, die von selbst still macht. Geben Sie den Kindern hierfür kreisrunde oder quadratische einfarbige Unterlagen und lassen Sie jedes für sich arbeiten, ohne es zu bewerten.

Sie können den Kindern auch erzählen, daß tibetische Mönche solche wunderbaren Muster aus farbigem Sand rieseln, ohne zu sprechen, und sie, nachdem sie fertig sind, wieder verwischen als Zeichen, daß nichts auf dieser Welt beständig ist, weder das Schöne noch das Häßliche, weder das Gute noch das Böse.

Bäume sind Kindern schon aus dem Kinderwagen vertraut. Fast jedes Kind wird das Glück gehabt haben, als Säugling im Liegen in die mächtigen Kronen der Bäume zu schauen. Wußten Sie, daß ein wichtiger Reflex des Neugeborenen, das Hochreißen der Arme bei Schreck und Erschütterung, auf die Urzeit zurückgeht, in der unsere Vorfahren noch auf Bäumen lebten und ihre Jungen sich bei jeder Gefahr sofort an dem Fell der Mutter festkrallen mußten? Lassen Sie Ihr Kind immer wieder Bäume umarmen. Sie vermitteln uns noch heute jenes Gefühl der sicheren Zuflucht und Geborgenheit. Spüren Sie selbst, wieviel Friede in Ihre Seele einzieht, wenn Sie Ihre Stirn an einen Baum legen oder sich einfach an ihn schmiegen und so verweilen.

Wenn Sie mit Ihren Kindern immer wieder den Kontakt zu Bäumen suchen, unter ihnen spielen, sammeln, ruhen, verweilen, lachen und träumen, können Sie immer wieder jene Stille erspüren, nach der wir uns alle so sehnen. Es ist keine geräuschlose, sondern eine lebendige Stille, die sich nach und nach auch in uns selbst ausbreiten wird.

Bäume – Eine Phantasieübung

Wir stehen als Baum. Unsere Füße treiben Wurzeln, die sich fest in der Erde verankern. Tiefer und tiefer durchdringen unsere Wurzeln die Erde. Aus unserem Oberkörper wächst eine wunderschöne mächtige Baumkrone. Unsere

Zweige strecken sich dem Himmel und der Sonne entgegen. Und selbst wenn ein mächtiger Sturm weht, schwingen wir nur sanft hin und her, denn unsere Wurzeln halten uns.

Einem Baum begegnen

In unserer Phantasie können wir einem Baum begegnen. Zum Beispiel wenn wir uns erschöpft fühlen und neue Kraft brauchen oder wenn uns eine anstrengende Arbeit bevorsteht.

Phantasiereise

Mach es dir bequem, und wenn du möchtest, kannst du früher oder später die Augen schließen. Du kannst allmählich anfangen, auf deinen Atem zu achten und dir vorstellen, daß du mit jedem Ausatmen ein wenig mehr loslassen kannst. Stell dir vor, daß du in einer schönen Gegend in der Ferne einen Baum siehst. Es ist dein Baum, auf den du langsam zugehst. Beim Näherkommen erkennst du seinen Stamm mit der ihm eigenen Rinde, du siehst seine Blätter und wie sich die Sonne mit ihnen verbindet. Du begrüßt deinen Baum auf deine Art, du berührst seinen Stamm, du umarmst ihn oder setzt dich zu ihm. Und während du den Kontakt zum Baum hältst, spürst du eine Kraft, und du spürst, wie du selber der Baum wirst, während sich deine Füße fest in der Erde vergraben und zu langen Wurzeln werden, die eine Krone hervorbringen, die dir ermöglicht, dich in den Himmel zu strecken.

Du bist der Baum, und deine Wuzeln saugen das Wasser aus der Erde empor und mit ihm die Nährstoffe, die überallhin transportiert werden und deinem Körper frische Kraft geben. Und während deine Wurzeln so fest in der Erde verankert sind, strecken sich deine Zweige dem Himmel zu, und deine unzähligen Blätter verwandeln das graue Kohlendioxyd des Ausatmens zu frischem blau-goldenem Sauerstoff. Und du spürst die Kraft in dir aufsteigen und deine Verbindung mit allem Leben. Und vielleicht kannst du schon jetzt erkennen, daß du Teil dieses großen Ganzen bist, das Bäume und alles Leben hervorbringt ...

Und wenn du wieder zum Menschen wirst, in deiner Vorstellung an den Baum gelehnt, dann kannst du wissen, wie alles miteinander verbunden ist und was das Universum zusammenhält. Und du kannst die Antwort jetzt oder später in deinem Herzen spüren und wissen, daß du jederzeit an diesen Ort der Kraft zurückkehren kannst, wann immer du mit der Natur verbunden sein möchtest und mit dem Kosmos und mit den Quellen deines tieferen Wissens.

Und dann kannst du allmählich anfangen, Hände und Füße zu bewegen, deinen Atem zu vertiefen, dich zu recken und zu strecken und mit deiner Aufmerksamkeit wieder hierher zurückkehren in diesen Raum, erfrischt und wach.

Pflanzen malen, zeichnen, tuschen, kneten

Jedes Kind fängt irgendwann spontan an, einen Baum oder eine Blume zu malen. Malen macht still. Erst die Bewertungen und Verbote der Erwachsenen machen Kinder beim Malen laut.

„Malen ist für mich Meditation", sagt meine Freundin Hanna. „Ich verschmelze beim Zeichnen mit dem Gegenstand." Dabei fallen mir die Tuschzeichnungen chinesischer Maler oder japanischer Zen-Meister ein.

Kinder entdecken beim Malen die Stille.

Sie sollten daher immer Papier, Wasserfarben, Bunt- und Wachsstifte in guter Qualität zur Verfügung haben.

Indem wir als Erwachsene selber wieder anfangen, uns unserer Umgebung malend zu nähern, können wir auch Kinder, die die Lust am Malen verlernt oder vergessen haben, wieder zum Malen verlocken. Fasziniert gucken uns die Kinder über die Schulter und sagen nach wenigen Minuten: „Das will ich auch." Ein kleiner Zeichenblock kann ständiger Begleiter auf Spaziergängen und Ausflügen werden.

Aber auch zu Hause können wir den Steinen, Pflanzen oder Gegenständen, die mit uns leben, malend Aufmerksamkeit und Achtsamkeit schenken.

Bitte bewerten Sie so entstandene Werke nie negativ! Das Bild ist wie es ist und spiegelt immer auch die seelische Verfassung des Zeichnenden wider. Die meisten Kinder, die schon viel Bewertung und Abwertung erfahren haben, freuen sich über Anerkennung und Lob. Anderen reichen interessierte Fragen wie: „Der Vogel wohnt wohl auf dem Baum?" oder kleine, nicht bewertende Bemerkungen wie „interessant", „aha", die mit Achtung und Aufmerksamkeit vorgetragen werden.

Stille Sinneserfahrung

Während unsere visuellen Sinne überreizt sind, lassen wir Hören, Riechen, Schmecken und Fühlen häufig verkümmern.

Im Zusammenhang mit Pflanzen bieten sich die Sinne

der Nase, des Mundes und der Haut an. In dem Moment, in dem sich Ihr Kind diesen Sinnen zuwendet, wird es von selbst still.

Wissen Sie, wie feuchtes Laub riecht? Ein fauler Apfel oder das Grün einer Möhre? Gehen Sie mit Ihrem Kind immer der Nase nach, und wenn Sie Lust haben, können Sie Gerüche für ein Riech-Spiel sammeln. Wenn Sie ungefähr zehn Düfte gefunden haben, können Sie Ihr Kind raten lassen, was was ist. Dazu werden die Augen geschlossen oder verbunden. Ganz selbständig kann Ihr Kind mit einem Riech-Memory spielen. Hierzu können Sie gleichgroße Gläser mit Schraubverschluß sammeln und in jeweils zwei den gleichen Duft geben. Damit man das Pflanzenmaterial nicht von außen oder oben sehen kann, wird das Glas von außen beklebt und oben mit Gaze oder anderem durchlässigen Stoff überdeckt. Kinder identifizieren sich dann besonders mit dem Spiel, wenn sie an seiner Herstellung beteiligt waren.

Schmeck-Spiele lassen sich auf die gleiche Art herstellen. Leider haben fast alle Menschen bei uns verlernt, wieviele Pflanzen eßbar sind. Junge Buche- und Birkenblätter, die frischen Triebe der Nadelbäume, Löwenzahn, Giersch und Gundermann, die sich in jedem Park oder Wald finden, sind eßbar und gesund. Wenn sie Ihren kleinen Kindern vermitteln, daß Sie nie etwas ohne Sie zu fragen essen dürfen, werden Sie entdecken, wieviel Spaß und Entdeckerfreude solche Schmeck-Spiele bringen.

Vergessen werden sollte dabei nie, der Pflanze mit Achtung und Dankbarkeit zu begegnen, wenn Sie Ihr ein Blatt abpflücken.

Fühl-Spiele machen Kindern von 3–10 Jahren viel Spaß. Sie können einen Schuhkarton mit einem Eingriffloch für eine Kinderhand versehen und dort hinein pflanzliche (oder andere) Teile legen, die nacheinander gefühlt werden sollen. Kleine Kinder spielen dies Spiel aber auch „einfach so" gern, und das Gute dabei ist, daß sie es fast überall aus dem Stegreif spielen können: Lassen Sie Ihr Kind die Augen schließen, und geben Sie ihm irgend etwas in die Hand, das erfühlt bzw. erraten werden soll. Blätter von verschiedenen Bäumen oder Büschen, Früchte, Holzteile und andere Fundstücke bieten ein hervorragendes Fühlmaterial! Ein wunderschönes Spiel ist die stumme Karawane. Es eignet sich auch für Geburtstagsfeiern und für Kinder jeden Alters.

Stumme Karawane

Im Freien wird zwischen mehreren Bäumen ein Seil gespannt, das als Geländer dient, an dem sich die Teilnehmer der stummen und blinden Karawane festhalten, um ihren Weg zu ertasten. Die mit dem Seil markierte Strecke sollte möglichst interessanten Untergrund haben, denn die Teilnehmer gehen barfuß. Mit verbundenen Augen, eine Hand am Seil, geht jetzt einer nach dem anderen die Strecke ab. Ein Erlebnis auch für Erwachsene!

Die folgenden Bewegungsphantasien eignen sich auch schon für Kindergartenkinder.
Sie sollten möglichst Bestandteil ganzer Projekte sein, d. h.: Stecken Sie die Sonnenblumenkerne auch wirklich in die Erde und beobachten dann ihr Wachstum.

Sonnenblume

Das Kind liegt als Sonnenblumenkern ganz klein auf der Erde. Sie können ihm dazu die Yoga Mudra-Haltung vormachen. Von der Sonne geweckt, beginnt der Kern zu keimen. (Ganz langsam erhebt sich das Kind.) Die Sonnenblume bildet Blätter aus und wächst und wächst. Allmählich entwickelt sich eine wunderschöne Blüte. Sie strahlt die Sonne an. (Das Kind steht aufrecht, das Gesicht ist die Blüte.) Aus der Blüte entwickeln sich Kerne, die allmählich zu Boden fallen, bis im Frühling daraus neue Sonnenblumen wachsen.
Eine einfache musikalische Untermalung (z. B. Triangelschläge für die Sonnenstrahlen oder Arbeit mit Klangschalen) kann dieses Spiel unterstützen.

Löwenzahn

Diese erstaunliche Heilpflanze, Liebling der Kinder und Dichter, ist wahrhaftig eine Betrachtung wert.

Kaum daß es wärmer wird, können Sie mit Ihrem Kind die Löwenzahnrosetten bestaunen, die sich überall aus der Erde hervorwagen. Nicht nur Meerschweinchen und Kaninchen mögen diese Blätter, sie ergeben auch einen guten Salat.

Im Mai sind viele Wiesen mit gelben Blüten übersät. Lassen Sie Ihr Kind so eine Blüte mit geschlossenen Augen fühlen und riechen – auch den weißen Saft, der aus dem Stengel quillt. Ein Kranz aus Löwenzahnblüten verleiht dem Kind Würde. Vor dem Schlafengehen können Sie mit Ihrem Kind beobachten, wie auch der Löwenzahn seine gelben Blüten zur Nacht schließt. Die silberhaarigen Pusteblumen erfreuen alle Kinder.

Gleicht das Wegpusten der Samen nicht einer kleinen Meditation? Ganz wunderschön ist der Löwenzahntanz, den auch schon kleine Kinder lernen können. Lieder und Gedichte können die Löwenzahnbetrachtung abschließen.

Die Tulpe

Zur Tulpe gibt es ein wunderschönes Frühlingsgedicht von Josef Guggenmos. Es fordert die musikalische Untermalung und die Bewegung – wie bei der Sonnenblume – geradezu heraus. Das Einpflanzen einer Tulpenzwiebel gelingt überall.

Die Tulpe

Dunkel
war alles und Nacht.
In der Erde tief
die Zwiebel schlief,
die braune.

Was ist das für ein Gemunkel,
was ist das für ein Geraune,
dachte die Zwiebel,
plötzlich erwacht.
Was singen die Vögel da droben
und jauchzen und toben?
Von Neugier gepackt,
hat die Zwiebel einen langen Hals gemacht
und um sich geblickt
mit einem hübschen Tulpengesicht.
Da hat ihr der Frühling entgegengelacht.

Die folgenden Phantasiereisen sind für Kinder
ab vier Jahren geeignet.

Stell dir vor, du bist eine Blume, die in der warmen Frühlingssonne wächst. Die Sonne gibt dir Kraft und Stärke, der
Wind wiegt dich sanft hin und her, und der Regen nährt
dich, wie auch der Boden. Früher oder später kommt jemand vorbei, den du magst. Und er mag dich und pflückt
dich ab und nimmt dich mit nach Hause und stellt dich in
eine wunderschöne Vase.
Welche Blume warst du? Wer darf dich pflücken?

Blatt vom Baum

Stell dir vor, du bist ein Blatt, das am Baum hängt. Nun kommt der Herbst. Du verfärbst dich gelb und rot. Ein Wind bläst dich sanft vom Zweig, und du schwebst zu Boden. Als wunderschönes goldenes Blatt liegst du bequem da ... Nun kommt ein Kind und freut sich über dich. Es nimmt dich mit nach Hause und legt dich als Schmuck auf den Geburtstagstisch.

Die Rose

Stell dir vor, du bist eine Rose. Du hast einen festen Stamm und auch Dornen. Deine Blätter sind wunderschön und dunkelgrün. Du bildest eine Knospe, die eine schöne Farbe hat. Nun öffnet sich die Knospe zu einer Blüte. Ein Käfer und eine Biene freuen sich an dir. Du verströmst einen Duft, der fröhlich macht. Menschen und Tiere achten dich.

7. Bewegungsphantasien mit Tieren

Kinder können sich leicht etwas vorstellen und in Situationen hineinversetzen. Sie brauchen keinen Erwachsenen, der ihnen hilft, zum Tier zu werden. Wenn Kinder spielen, *sind* sie der brüllende Löwe, der tobende Affe oder das verschmuste Kätzchen.

Hier können wir Erwachsenen von Kindern lernen. Anderseits lassen sich Kinder gern inspirieren und sind für Anregungen dankbar. Nach der Anschaffung eines Aquariums oder nach dem Besuch eines Aquariums bietet sich zum Beispiel die eindrucksvolle Musik „Aquarium" aus dem „Karneval der Tiere" von Camille Saint-Saens an. Auch zu Zootieren gibt es viele Kinderlieder und ruhige Bewegungsspiele (s. Literaturverzeichnis).

Auch Tiergeschichten oder Bilderbücher befassen sich mit Bewegungsphantasien (so z. B. die Geschichten von Max und Mia oder das Bilderbuch „Wir gehen auf Bärenjagd" (s. Literaturverzeichnis).

Unruhige oder aufgewühlte Kinder müssen sich austoben und abreagieren dürfen, bevor sie die ruhige, konzentrierte Energie dieser sanften Spiele erfahren mögen.

Wettläufe, Fangspiele, Trampeln und Stampfen, Schreien und in die Luft boxen eignen sich als Vorspiele zu den folgenden Bewegungsphantasien gut. In Kindergärten und Schulen bietet sich an, Sportstunden damit abzuschließen oder stille Stunden so einzuleiten.

Zu Hause werden Sie vermutlich gegen Abend Lust verspüren, wie schwarze Panther an die Zahnputzbecher zu schleichen, wie Federn ins Bett zu schweben oder wie eine Riesenschnecke das Wohnzimmer zu durchqueren ...

Aquarium

Hören Sie sich die Musik aus dem „Karneval der Tiere" aufmerksam und schweigend an. Lassen Sie Ihr Kind entscheiden, ob es eine Wasserpflanze oder ein Fisch sein möchte. Lassen Sie es ein buntes (einfarbiges) Tuch auswählen, das ihm als Flosse oder Pflanzenblatt dient. Stumm wie ein Fisch schwimmt das Kind nun zur Musik durch den Raum oder schwingt als Wasserpflanze hin und her.

Bestimmt bekommen Sie Lust, dabei mitzumachen.

Niedliches Tier

Stell dir vor, du bist in einem schönen Wald. Du kannst herumlaufen und dich umschauen. Plötzlich entdeckst du ein niedliches kleines Tier. Geh ganz langsam auf dein Tier zu, damit es keine Angst vor dir bekommt ... Und nun setz dich zu deinem Tier auf den Boden und sprich ganz leise zu ihm. Wenn du willst, darfst du es auch behutsam anfassen und streicheln.

Und nun komme ich zu dir, und wenn du magst, darfst du mir ins Ohr flüstern, was für ein Tier du gefunden hast.

Kleine Feder

Du bist eine kleine Feder von einem hübschen Vogel. Du kannst nach oben schweben (machen Sie das vor, indem Sie Kopf und Arme nach oben schwingen lassen) und nach unten sinken (werden Sie allmählich kleiner und sinken Sie auf den Boden). Du hast eine schöne Farbe und schwebst ein Weilchen nach hier und nach dort, bis du sanft zu Boden gleitest und dich ausruhst.

Schmetterling

Das Kind sitzt auf der Erde und legt die Fußsohlen aneinander. Die Knie zeigen nach außen, die Hände umfassen die Füße und ziehen sie möglichst dicht an den Po. Der schöne Schmetterling fliegt, wenn das Kind mit den Knien leicht auf und nieder wippt. Der Schmetterling schläft, wenn die Knie zusammengeführt werden, die Hände sich um die Beine schlingen und der Kopf auf den Knien ruht.

Kätzchen

Das Kind steht im Vierfüßlerstand auf dem Boden. Die Hände sind schulterbreit auseinander. Das Kätzchen macht einen Buckel. Dann reckt und streckt es sich, indem es beim Einatmen jeweils einen Arm abwechselnd nach vorn streckt. Danach werden die Beine nach hinten gedehnt, d. h. in Beckenhöhe nach hinten gestreckt. Ob das Kätzchen auch den rechten Arm und das linke Bein gleichzeitig strecken kann? Und auch den linken Arm und das rechte Bein?

Kobra

Das Kind liegt auf dem Bauch, die Arme seitlich neben dem Körper. Nun richtet sich die Kobra auf, indem sie Kopf und Oberkörper so weit wie möglich nach oben streckt, während das Becken auf dem Boden bleibt.

Krokodil

Das Kind liegt mit angestellten Beinen auf dem Rücken. Die Hacken sollen den Po berühren. Die Arme werden seitlich vom Körper in Schulterhöhe ausgestreckt. Ausatmend werden nun beide Knie nach links gesenkt und der Kopf nach rechts gedreht. In dieser Drehhaltung atmet es ruhig weiter, dann zurück in die Ausgangsposition. Nach einer kleinen Pause dreht sich das Krokodil zur anderen Seite, d. h. beide Knie senken sich nach rechts, und der Kopf dreht sich nach links. Nachdem das Kind eine Weile so gelegen und geatmet hat, dreht es sich zurück in die Ausgangsposition, läßt die Beine ausgleiten und hört den Spruch:

Es war ein faules Krokodil
das lag drei Monate ganz still
dann schlief es sieben Jahre ein ...
(Pause)
doch eines Tags um Mitternacht
(es ertönen zwölf Gongschläge)
ist das Krokodil wieder aufgewacht!

8. Die Sinne wecken

Streicheln, tasten, fühlen: Körperexperimente

Hände können heilen, beruhigen und auf vielerlei Weise helfen, nach innen zu spüren. Hände sind das wunderbare Werkzeug des Menschen. Sie haben ihre eigene stumme Sprache.

Jedes Kind kennt den erhobenen Zeigefinger für „Achtung!" und „wehe, wenn …" genauso wie beleidigende Handzeichen und heilende Gesten wie streicheln oder die Hände auf den Kopf legen. Gesten des Segnens sind vielen heute unbekannt – aber die Ahnung, daß Hände auch göttliche Kräfte übertragen können, verbreitet sich.

Was Berührung und Gehaltenwerden vermag, erzählt auch die folgende Geschichte von *Martin Buber:*

Ein Vater bringt seinen Sohn zum Rabbi und klagt, daß der Junge keine Ausdauer beim Lernen habe. Der Vater geht und der Rabbi nimmt das Kind auf und bettet es schweigend an sein Herz. Der Vater kommt zurück und der Rabbi sagt: „Ich habe ihm ins Gewissen geredet. Es wird ihm an Ausdauer beim Lernen nicht fehlen."

Gerade unruhige Kinder brauchen Berührung. Sie sind geradezu ständig auf der Suche nach Halt und Sicherheit.

Auf den Schoß nehmen, „ans Herz betten", streicheln, massieren, Hände auflegen sind daher liebevolle Zuwendungen, die unruhige, aber auch stille Kinder unbedingt brauchen.

Darüber hinaus sind die folgenden Experimente und Übungen für Kinder und Erwachsene nicht nur wohltuend, sondern dienen auch dem Gesundbleiben. Wer sich selber in seinem Körper auskennt, weiß, was ihm fehlt, und spürt, was er braucht.

Kleine Massagen für überall

Schreiben Sie sich gegenseitig mit dem Finger Zahlen oder Buchstaben auf den Rücken.

Erfinden Sie eine Geschichte vom Wetter, und begleiten Sie die entsprechenden „Wetterlagen" mit Berührungen auf dem Rücken, z. B. Regen: sanftes Trommeln mit den Fingern;

Blitz: Zickzacklinie mit dem Finger;

Sonne: mit beiden Händen den Kopf sanft umfassen.

Laub harken

Stellen Sie sich vor, daß Ihre Hände Harken sind und der Rücken des Kindes voller Laub liegt. Harken Sie nun lange und ausgiebig Laub.

Last von den Schultern nehmen

Massieren und kneten Sie Schultern und Nacken des Kindes ganz sanft mit beiden Händen.

Zaubershampoo

Stellen Sie sich vor, Sie hätten Zaubershampoo, mit dem Sie den Kopf Ihres Kindes waschen und massieren.

Pferdeschwanz

Stellen Sie sich vor, die Haare wären der Schwanz eines Pferdes, den man pflegt, indem man immer ein kleines Büschel Haare nimmt, ganz vorsichtig daran zieht und ablegt.

Wunderwasser

Stellen Sie sich vor, Sie hätten aus einer Quelle heilkräftiges Wasser geschöpft, mit dem Sie jetzt das Gesicht Ihres Kindes vorsichtig benetzen.

Diese Massagen lassen sich wechselseitig durchführen und eignen sich auch für Kindergärten und Schulklassen.

Duftmassagen

Für die folgenden Massagen benötigen sie ein reines Pflanzenöl (z. B. Mandelöl, Haselnußöl oder Jojobaöl) sowie 1–3 Tropfen ätherisches Öl, das naturrein und aus kontrolliert biologischem Anbau stammen sollte.

Ein qualitativ gutes Öl erkennen Sie daran, daß der lateinische Pflanzenname, Herkunftsland sowie Anbau- und Herstellungsweise auf dem Etikett ausgedruckt sind.

Für Kinder geeignete Düfte sind Rose (sehr teuer, daher nur für besondere Fälle), Lavendel, Mandarine und Ylang-Ylang. Lassen Sie die Nase Ihres Kindes selbst entscheiden, welchen Duft es wählt. Bei der Massage wird nicht gesprochen. Kerzenlicht und ruhige Musik verzaubern die Atmosphäre.

Ohrmassage

Tauchen Sie Daumen und Zeigefinger in eine Mischung aus Pflanzenöl und ätherischem Öl. Auf einen Teelöffel Pflanzenöl sollten sie einen Tropfen eines ätherischen Öls geben. Wenn sie mehrere Düfte mischen wollen, tun sie das in einer Leerflasche und geben diese Mischung dann auf den Teelöffel. Kneten Sie nun das Ohr ihres Kindes mit Daumen und Zeigefinger sanft durch, solange das Kind es mag.

Fußmassage

Streichen Sie zunächst einen Fuß mit beiden Händen mit der Ölmischung ein. Kneten Sie dann jeden Zeh einzeln und sanft durch, streicheln Sie Fußsohle und Oberseite des Fußes sowie Hacken und Ferse, solange das Kind es angenehm empfindet.

Schlaffördernde und beruhigende Rückenmassage

Sie benötigen einen Eßlöffel voll Pflanzenöl sowie zwei Tropfen Lavendel-Ylang-Ylang oder Rosenöl oder zwei Tropfen aus einer Mischung dieser Öle. Das Kind liegt mit bloßem Oberkörper warm zugedeckt, bis Sie die Ölmischung auf ihren Händen verteilt und erwärmt haben. Legen Sie beide Hände zunächst oben und unten auf dem Rücken auf und senden Sie Ihrem Kind gute, beruhigende Gedanken. Streichen Sie dann mit den beiden Zeigefingern von unten rechts und links der Wirbelsäule sanft hoch und führen Sie die flachen Hände über die Schulterblätter am Rückenrand zurück. Wiederholen sie diese sanfte und einfache Massage solange, wie Sie und Ihr Kind das mögen. Gleich nach der Massage muß das Kind gut warm und zugedeckt sein.

Eine Phantasiereise mit Schafen, Wolken, Mond und Sternen kann die Massage abrunden und für gute Träume sorgen.

Spiele mit Achtsamkeit

Pendeln

Pendeln ist zwar kein richtiges Spiel, aber dennoch eine stille Erfahrung wert.

Hängen Sie eine Schraube oder Mutter an einen Faden und zeigen Sie Ihrem Kind, wie es den Arm aufstützen kann, damit es die Hand ganz ruhig halten kann. Jetzt soll es „Ja" denken und bemerken, wie sich das Pendel in eine Richtung zu drehen beginnt. Nach einer Weile soll es „Nein!" denken und bemerken, wie sich das Pendel in die andere Richtung dreht.

Auf diese Weise können Sie dem Pendel verschiedene Anweisungen geben, die ein konzentrierter Geist ohne weiteres ausführen kann.

Was fehlt?

Auf einer einfarbigen Unterlage liegen verschiedene Gegenstände. Während das Kind die Augen schließt, nehmen Sie einen Gegenstand weg. Was fehlt?

Hier und Jetzt

In einem größeren, möglichst leeren Raum gehen Sie mit dem Kind oder mehreren Kindern umher. Ab und zu geben Sie sekundenschnell einen Befehl, der sofort ausgeführt werden muß, z. B. den Boden berühren, zur Decke strecken, Hände auf den Kopf legen usw.

Bello, dein Knochen ist weg

Mehrere Kinder sitzen im Kreis. In der Mitte schläft ein Kind als Hund Bello. Vor ihm liegt ein Knochen, das heißt ein Schlüsselbund oder ein Glöckchen. Während Bello schläft, versucht ein Kind, auf das der Spielleiter stumm zeigt, Bello den Knochen wegzunehmen. Das muß natürlich absolut leise geschehen. Nun sprechen die Kinder im Kreis: „Bello, dein Knochen ist weg!" Bello rät nun, wer ihn gestohlen hat.

Wer hat dich berührt?

Das Kind schließt die Augen, und Sie haben verschiedene Dinge, mit denen Sie es berühren können, z. B. eine Feder, ein Stück Fell, eine Buchecker, ein Glas usw. Sie streichen damit über die Wange, den Handrücken oder die Handfläche des Kindes, das erraten muß, was Sie benutzt haben.

Sprechende Hände

Sie sitzen sich gegenüber. Während Sie beide die Augen geschlossen halten, versucht nun der eine dem anderen eine Botschaft nur mit den Händen zu übermitteln, z. B. „Ich mag dich" oder „ich bin wütend". Danach öffnen Sie die Augen und teilen sich mit, welche Botschaft Sie jeweils empfangen bzw. ausgesandt haben.

Seilakt

Legen Sie eine möglichst lange Schnur oder ein Seil in Windungen auf dem Boden aus. Darauf muß nun balanciert werden, ohne „herunterzufallen".

Wer hat sich verändert?

Jeweils einer von Ihnen schließt die Augen, während der andere an sich eine Kleinigkeit verändert, z. B. einen Knopf öffnet, die Brille absetzt, Schnürbänder löst usw. Der „Blinde" rät nun bzw. findet durch genaues Beobachten heraus, was verändert wurde.

Blinder Kassierer

Sie geben Ihrem Kind, das schon rechnen kann und die Augen geschlossen hat, nacheinander verschiedene Geldstücke. Nur durch Tasten darf es herausfinden, wieviel Geld es insgesamt ist.

Figürliche Plastik

Einer ist der Bildhauer, der andere wird geformt. Der Geformte soll selbst erraten, zu was der Bildhauer ihn gemacht hat.

Wer hat geflüstert?

Ein Kind bekommt die Augen verbunden. Ein Familienmitglied flüstert nun etwas. Das Kind mit den verbundenen Augen versucht herauszufinden, wer es war.

9. Mit Mandalas zur Mitte finden

„Mandala" ist ein altindisches Wort. Die Sprache, in der auch die ganzheitlichen Gesundheits- und Weisheitsbücher verfaßt sind, heißt Sanskrit, und Mandala bedeutet Kreis.

Um zu erfahren, was der Kreis ist, schlage ich Ihnen eine einfache Übung vor: Zünden Sie eine Kerze an, hören Sie, wenn Sie das mögen, eine ruhige Musik und malen Sie auf einen großen Block mit einem dicken Wachsstift einen Kreis, den Sie immer wieder nachfahren. Beobachten Sie Ihre Gefühle dabei und fahren Sie fort, solange es Ihnen gut tut.

Der Kreis ist ein uraltes Symbol der Menschheit. Wo immer er auftaucht – ob in alten Sonnenkulturen oder in Märchen als Kugel, in religiösen Darstellungen oder Meditationsbildern –, weist er uns auf einen Aspekt des Lebens hin: seine ursprüngliche Ganzheit.

Der Kreis ist in sich vollkommen, er hat etwas Spielerisches, Wohltuendes und Freies. Es gibt kein Anecken, keine Strenge. Er ist das Grundsymbol für Raum und Zeit, für Sonne, Mond und die Planeten. In allen Kulturen der Welt taucht der Kreis auf. Wenn ich im folgenden einen Indianer zitiere, dann deshalb, weil die indianische Kultur und ihre bildhafte Sprache unseren Kindern sehr nah ist.

„In allem, was ein Indianer tut, findet ihr die Form des Kreises wieder, denn die Kraft der Welt wirkt immer in Kreisen, und alles strebt danach, rund zu sein. Einst, als wir ein starkes und glückliches Volk waren, kam unsere ganze Kraft aus dem heiligen Ring unseres Volkes, und so-

lange dieser Ring nicht zerbrochen war, ging es den Menschen gut.

Der blühende Baum war der lebendige Mittelpunkt des Ringes, und der Kreis der vier Himmelsrichtungen nährte ihn. Der Osten gab Frieden und Licht, der Süden gab Wärme, der Westen gab Regen, und der Norden mit seinen eisigen Stürmen verlieh Kraft und Ausdauer. Alles, was die Kraft der Welt bewirkt, vollzieht sich in einem Kreis.

Der Himmel ist rund, und ich habe gehört, daß die Erde rund wie ein Ball ist, so wie alle Sterne auch. Der Wind in seiner größten Stärke bildet Wirbel. Vögel bauen ihre Nester rund, denn sie haben die gleiche Religion wie wir. Die Sonne steigt empor und neigt sich in einem Kreise. Das gleiche tut der Mond und beide sind rund ... Auch die Jahreszeiten in ihrem Wechsel bilden einen großen Kreis und kehren immer wieder. Das Leben des Menschen beschreibt einen Kreis von Kindheit zu Kindheit, und so ist es mit allem, was eine Kraft bewegt. Unsere Tipis waren rund wie die Vogelnester und immer im Kreis aufgestellt, dem Ring unseres Volkes – ein Nest aus vielen Nestern, in dem wir nach dem Willen des großen Geistes unsere Kinder hegten und großzogen" (zit. nach Dörig, Schenk dir ein Mandala 1, S. 22).

Mandalas sind Kreise, die uns beruhigen und in die Stille führen, dahin, wo unsere eigene Mitte ist.

Geben Sie Ihrem Kind ein quadratisches Stück Filz oder Tonpapier in der Farbe seiner Wahl. Sammeln Sie bei einem Spaziergang verschiedene Materialien, z. B. Tannenzapfen, Steinchen, Blätter, Samen aller Art, Hagebutten, Erde und Sand in verschiedenen Farben, Federn, Bu-

checkern, Eicheln u. a. und ergänzen Sie dies gegebenen-
falls mit Materialien, die Sie im Haushalt haben, z. B. Reis-
oder Weizenkörner, Nüsse, Kürbiskerne u. a. Ohne viel
Worte und Erklärungen fangen Sie einfach an, mit diesem
Material, das Sie in Schüsselchen oder Tellern um sich haben, von einer Mitte ausgehend Muster zu legen. Ihr Kind
wird es Ihnen begeistert nachtun.

Später können Sie Ihrem Kind erzählen, daß Indianer
und tibetische Mönche wunderschöne, kunstvolle Muster
aus Sand herstellen, um Menschen zu helfen und um sich
selbst zu sammeln. Oft werden solche Mandalas in Hei-
lungs-Rituale eingebettet, und immer werden sie nach
dem Gebrauch mit Dankbarkeit der Mutter Erde zurück-
gegeben. Sie hat die vielfältigen Farben und Formen her-
vorgebracht, von ihr können wir lernen, daß alles wächst
und vergeht, daß Leben ein ewiger Kreislauf ist.

Der folgende Spruch von Christian Morgenstern kann
uns helfen, ein Gefühl von Dankbarkeit in uns zu bewah-
ren:

Erde, die uns dies gebracht
Sonne, die es reif gemacht,
liebe Sonne,
liebe Erde
Euer nie vergessen werde.

Das Malen von Mandalas eignet sich für alle Altersgrup-
pen und Institutionen. Das Mandala-Malbuch von Rüdiger
Dahlke ist für Einsteiger bestens geeignet. Dieses für Erwachsene als Meditationshilfe gedachte Buch führt in die
Welt der Mandalas ein und erklärt viele in ihrem kulturel-
len Zusammenhang. Erwachsene und Kinder können in
das Buch hineinmalen oder den dazugehörigen Mandala-
Malblock benutzen.

Auch ohne jede Information beruhigt das Malen dieser

Mandalas sehr, vermittelt auch schwierigsten Kindern Erfolgserlebnisse und tiefe Erkenntnisse. Allein der Umgang mit Farben und Formen heilt und beruhigt. Düfte, ruhige Musik und Kerzenlicht unterstützen diese Wirkung.

Wer sich längere Zeit mit solchen vorgegebenen Mandalas beschäftigt hat (Bezugsadressen von Malblöcken finden Sie im Anhang), wird irgendwann Lust verspüren, selber Mandalas zu entwerfen. Viele Menschen tun dies übrigens intuitiv, indem sie z. B. beim Telefonieren oder in langweiligen Sitzungen anfangen, Muster zu malen. Daß das Interesse und die Begeisterung für das Malen von Mandalas in unserer Zeit so groß ist, scheint auch ein Beweis für die Tendenz zur Selbstheilung zu sein, die allen Menschen innewohnt. Der Schweizer Psychologe C. G. Jung hat diese Kraft in uns „das Selbst" genannt, es ist unser Zentrum, unser göttlicher Funke oder unser großes Geheimnis, das auch in allen Lebewesen um uns wirkt. Während „das Ich" sich oft einsam, verwirrt und hilflos fühlt, hat das Selbst Anschluß an die großen Kraftquellen, an die göttliche Energie oder die Kraft des Universums, den Großen Geist. Sehr anschaulich wird in dem Mandala Buch von Klaus Holitzka und Jochen Nicmuth von einem Indianerstamm der Labradorhalbinsel berichtet, die so einsam in kleinen Familiengruppen leben, daß sie keine religiösen Anschauungen oder Riten entwickeln konnten. Statt dessen verlassen sie sich ausschließlich auf ihre inneren Eingebungen und Träume. Sie lehren, daß die Seele des Menschen nichts anderes sei als ein innerer Gefährte, den sie als „mein Freund" bezeichnen. Er wohnt im Herzen des einzelnen und ist unsterblich (S. 264). Dieser innere Freund oder unser Selbst ist es zweifellos, der in uns Bilder und Mandalas entstehen läßt. Deshalb lohnt sich der Versuch, den auch Jung unternahm, jeden Tag mit einem Mandala abzuschließen oder zu beginnen.

Sie benötigen hierfür Papier, das auch gern farbig sein kann, und verschiedene Mal-Utensilien: Aquarellfarbe, Wachsmalstifte, Buntstifte, die übrigens durchaus kombiniert werden können. Auch Finger- und Erdfarben sind gut geeignet. Verabreden Sie, still zu arbeiten, und geben Sie lediglich vor, mit einem Punkt oder Kreis zu beginnen.

Auf diese Weise können Mandala-Tagebücher entstehen oder Wochenmandalas, an denen die ganze Familie immer wieder malt. Auch Monate oder Jahreszeiten lassen sich auf diese Weise „abrunden".

Ältere Kinder interessieren sich vielleicht für die Zahlsymbolik, die in jedem Mandala von selbst entsteht. Während der Kreis Eins ist, entsteht durch eine waagerechte Linie die Zwei, Symbol für ich und du, hell und dunkel und alle Gegensätze dieser Welt. Das Dreieck ist in der indischen Tradition ein Symbol für Feuer, verkörpert aber auch die Dreieinigkeit, Vater-Mutter-Kind und den dreifachen Aspekt der Göttin als Jungfrau, Mutter und alte Frau bzw. Wandlungsgöttin.

Das Quadrat mit seinen vier gleichen Seiten steht für das Bodenständige und Erdverbundene. In klassischen tibetischen Mandalas gibt es auch vier Eingangstore, durch die man ins Innere gelangen kann. Das Quadrat steht für Festigkeit und Stabilität. Es setzt Grenzen und strukturiert Räume.

So gibt es vier Himmelsrichtungen und vier Winde, vier Jahreszeiten und vier Elemente.

Aus übereinanderliegenden Quadraten und Dreiecken bilden sich Sterne, aus der Verdoppelung ergeben sich neue Zahlen, und Sie werden bemerken, daß Mandalas ein Thema ohne Ende sind. Denn wie die Formen enthalten auch die Farben ihre eigene Energie und Symbolik, die man erforschen kann. Vielleicht entwickelt sich in Ihrer Familie ein Mandala-Ritual, das mit gemeinsamem Teetrinken, Singen, Kerzenschein und Duft beginnen und mit einer Meditation über dem entstandenen Mandala enden kann. Die stille, nichtbewertende Betrachtung sollte jedes Mandala-Malen abrunden. Ein anschließender Austausch über Gefühle und „Zufälle" beim Malen ist immer sehr anregend. Mich jedenfalls überrascht es immer wieder, wie diese Muster oder Symbole förmlich aus „der Seele fließen" und welche Vielfalt wie von selbst entsteht.

Übrigens lassen sich Mandalas auch sehr schön auf Seide malen, und vielleicht haben Sie Lust, für oder mit ihrem Kind ein Mandala-Schlafkissen herzustellen. Es kann mit Schafwolle, Lavendel, Hopfen und Melisse gefüllt werden und so für schöne Träume sorgen.

10. Phantasiereisen –
verborgene Fähigkeiten entdecken

Phantasiereisen wenden sich an die Vorstellungskraft eines jeden Menschen. Kinder haben in der Regel sehr viel Phantasie, die in den „Reisen" in eine bestimmte Richtung gelenkt wird. Hierdurch können Kinder lernen, inneren Bildern Aufmerksamkeit zu schenken und den Blick nach Innen als ein Erlebnis zu erfahren. Phantasiereisen setzen, wie alle anderen Übungen in diesem Buch auch, absolute Freiwilligkeit voraus. Im Kind wie im Erwachsenen muß die Bereitschaft vorhanden sein, sich auf etwas einzulassen, was es in dieser Form vielleicht noch nicht kennt.

Kinder, die schlimme Erfahrungen gemacht haben, können Angst vor Phantasiereisen haben. Sie befürchten zu Recht, daß verdrängte Erinnerungen wieder auftauchen und Alpträume aktiviert werden. Daher ist der verantwortungsvolle und behutsame Umgang mit Phantasiereisen unbedingt zu beachten.

Jede Phantasiereise muß eingeleitet und mit dem Zurückholen ins Hier und Jetzt beendet werden, auch wenn dies im Text nicht ausdrücklich angegeben ist.

Es ist sinnvoll, hierfür immer die gleiche Formulierung zu gebrauchen, die zu Ihnen und Ihrem Kind passen soll. Phantasiereisen können im Sitzen oder Liegen ausgeführt werden. Ein Schließen der Augen ist nicht notwendig. Sehr wichtig ist, das Kind bei der Phantasie zu beobachten. Im Gesicht können Sie tiefe Entspannung, aber auch freudige Erregung oder wache Aufmerksamkeit deutlich ablesen.

Unstimmigkeiten werden sich in Stirnrunzeln oder Zusammenkneifen der Augen bemerkbar machen. Wenn es sich nicht um Einschlafphantasien handelt, ist es ratsam, sich hinterher mit dem Kind über seine Erlebnisse auszutauschen. Aber auch dies sollte behutsam und freiwillig geschehen. In Schulklassen oder Kindergruppen bietet sich an, nach der Phantasiereise ein Bild zu malen oder eine kleine Geschichte aufzuschreiben.

Mit unserer Phantasie haben wir die Möglichkeit, Dinge, die uns normalerweise nicht möglich sind, zu erleben und zu erproben. Hierdurch können wir uns selbst nicht nur besser kennenlernen, sondern auch verborgene Fähigkeiten entdecken und nutzen. Auf diese Weise können wir uns selber in nie gekanntem Ausmaß helfen, über uns hinauszuwachsen und mit unserem wahren Selbst in Kontakt treten. In der Phantasie gibt es keine Grenzen. In der Phantasie können wir sowohl unseren Körper durchreisen, mit Pflanzen, Bäumen und Tieren reden, Schutzengel um Hilfe bitten und Weise um Rat fragen. Deshalb sind die folgenden Phantasiereisen nur Anregungen. Sie sollen Sie ermuntern, für sich und Ihre Kinder eigene Reisen zu erfinden, die Sie zu Ihren ureigenen Bildern und Kraftquellen führen. Ältere Kinder können angeleitet werden, ihre eigenen hilfreichen Reisen zu entwickeln, die ihnen in vielen Lebenssituationen, z. B. vor Klassenarbeiten, Zahnarztterminen, bei Enttäuschungen und Ängsten helfen können.

Bestimmte Bilder, die übrigens in allen Kulturen der Welt benutzt werden, eigenen sich besonders zur Wiederentdeckung innerer Kraftquellen:
Bäume
Berge
Wasser und Brunnen, Flüsse, Meer, See
Feuer
Sonne, Mond, Sterne
Wiese, Wald
Kugeln aus Kristall oder Gold
Wege, Straßen
Farben
Hilfreich ist auch ein Perspektivenwechsel: Das Leben ändert sich, wenn wir es aus der Perspektive eines Adlers oder eines anderen Vogels betrachten oder in die Tiefe schreiten, ins Dunkel, in den Bauch von Mutter Erde oder eine Höhle.

Reise durch den Körper

Das Kind liegt auf dem Rücken, die Beine ausgestreckt, locker auseinander, die Arme liegen locker neben dem Körper.

Mach es dir ganz bequem und fang an, auf deinen Atem zu achten, wie er kommt und geht … Stell dir vor, du hast einen Zauberatem in deiner Lieblingsfarbe, der fühlen und heilen kann. Nun richte deine Aufmerksamkeit auf deine linken Zehen, vielleicht willst du sie nochmal anspannen, und dann schicke deinen Zauberatem in deine linken Zehen, atme einfach hinein, fühle alles, was es da zu fühlen gibt, und schicke deine Lieblingsfarbe in deine linken Zehen. Und nun denke an deine linke Fußsohle. Taste sie im Geiste ab, schicke deinen farbigen Atem in deine linke Fußsohle, fühle alles, was es da zu fühlen gibt, und atme einfach hinein ... und nun dein linker Hacken ... und dein linker Unterschenkel ... wie liegt er auf der Unterlage auf? ... Wie fühlt er sich heute an ... Fühle alles, was es da zu fühlen gibt, und atme einfach hinein ... und dein linkes Knie ... und dein linker Oberschenkel ... Und nun richte deine Aufmerksamkeit auf deine rechten Zehen ... taste sie im Geiste ab und sende deinen farbigen Atem genau in deine rechten Zehen ... und in deine rechte Fußsohle ... und in deinen rechten Hacken ... wie liegt dein rechter Unterschenkel auf der Unterlage auf, fühle alles, was es da zu fühlen gibt, und atme einfach hinein ... und dein rechtes Knie ... und dein rechter Oberschenkel ... und nun richte deine Aufmerksamkeit auf dein Becken und die Bauchdecke ... spüre, wo der Körper vom Atem bewegt wird, und schicke ihn in deinen Bauch, der ganz mit deiner Lieblingsfarbe gefüllt wird ... Wie fühlen sich deine Brust und dein oberer Rücken heute an? Taste sie im Geiste ab, fühle alles, was es da zu fühlen gibt, und atme einfach hinein ... und nun sende deinen Atem in deine Schultern, vielleicht kannst du sie noch mehr loslassen ... und beim nächsten Ausatmen läßt du den Atem durch beide Arme fließen, so daß er an den Fingerspitzen wieder austritt ... und nun richte deine Aufmerksamkeit auf deinen Hals, fühle alles, was es da zu fühlen gibt, und atme einfach hinein ... und dein Kopf ... dein Kinn ist locker und entspannt, die Zahnreihen

100

haben keinen Kontakt, die Zunge liegt entspannt am Gaumen ... wie fühlen sich deine Wangen an und wie deine Augenbrauen? Vielleicht kannst du die Stirn noch mehr glätten und die Schädeldecke entspannen ... und beim nächsten Ausatmen kannst du dir vorstellen, daß du deinen Zauberatem durch den ganzen Körper schickst, so daß er an den Zehen wieder austritt ... und beim nächsten Einatmen stellst du dir vor, daß du auf dem Kopf in Scheitelhöhe ein vorgestelltes Loch hast, wie bei einem Wal, durch das der Atem beim Einatmen heraussprudelt ... beim Ausatmen durch die Zehen ... beim Einatmen aus dem Kopf ... so daß du allmählich eingehüllt wirst in eine Kugel in der Farbe deines Atems ... und du liegst sicher und geborgen ... eingehüllt in das angenehme Licht deines Atems ... und wenn du willst, kannst du in deiner Kugel eine Reise machen ... vielleicht hinter den Mond ... oder zu deinem Schutzengel ... (längere Pause) und wenn es für dich an der Zeit ist, kommst du hierher zurück, landest sicher und geborgen in der Gewißheit, daß du dich jederzeit zu einer neuen Reise verabreden kannst ..."

Diese Phantasiereise eignet sich auch gut für den Abend, wenn das Kind schon im Bett liegt, und bei Schlafstörungen. Wenn sie tagsüber durchgeführt wird, fügen Sie noch hinzu: Und nun komm wieder hierher zurück in den Raum, erfrischt und wach.

König sein

Mach es dir ganz bequem und nimm ein paar tiefe Atemzüge. Stell dir vor, du regierst die ganze Welt. Du bist ein weiser und freundlicher König (Königin), von allen Menschen sehr geachtet. Unter deiner Regierung geht es allen Menschen in deinem Königreich gut. Kinder und Erwachsene mögen dich und kommen zu dir, um sich Rat zu holen.
Du kannst es genießen, so bewundert zu werden ...
Du kannst dir gestatten, stolz auf dich zu sein ...
Was du erreicht hast, ist wirklich angenehm für dich. Und nun stell dir vor, daß du auch deine Gedanken so regierst, wie du die Welt regierst ... und sage zu dir selbst, daß du tüchtig und wertvoll bist, daß du liebenswert und freundlich bist ... Spüre alle diese Qualitäten ... und nimm dir vor, dich an diese angenehmen Gedanken und Gefühle zu erinnern, wenn du mit Schwierigkeiten zurechtkommen mußt ...

Dir selber zulächeln

Mach es dir ganz bequem und fang an, auf deinen Atem zu achten. Und dann stell dir vor, daß du jemand siehst, den du wirklich gern hast, und du lächelst ihm/ihr zu. Lege dein liebstes Lächeln in deine geschlossenen Augen, und dann stell dir vor, du lächelst dir selber zu.

Und nun denkst du an deine Füße, die dich überallhin tragen, mit dir laufen, mit dir springen ... und du kannst mit deinem Lächeln deine Füße streicheln und sie dabei mit einem Licht in deiner Lieblingsfarbe anmalen ...

Und nun lächelst du deinen Beinen zu, bedankst dich bei ihnen für alles, was sie für dich tun, und streichst sie in deiner Phantasie in einer Farbe an, die dir wirklich gefällt ... und nun kannst du deinem Bauch zulächeln, deiner Brust und deinem Rücken, male mit dem Licht deines inneren Lächelns deinen Bauch aus ... und nun lächle in dein Herz, das Tag und Nacht für dich schlägt ... du lächelst in die Lunge hinein, in die Schultern und in die entspannten Arme, bedanke dich für alles, was Arme und Hände für dich tun ... und dein Mund, deine Nase, deine Augen ... dein ganzes Gesicht ... alles in dir lächelt ... (Pause) und nun vertiefe deinen Atem noch einmal, fang allmählich wieder an, Hände und Füße zu bewegen, reck und streck dich, und komm hierher zurück, erfrischt und wach.

Frieden und Heiterkeit

Stell dir vor, daß du allein auf einem schmalen Pfad wanderst. Es ist sonnig, und du fühlst dich wohl zwischen den Blumenwiesen. Dein Weg führt einen Hügel hinauf, und du gönnst dir eine kleine Pause. Die Sonne scheint warm, und unter dir siehst du einen kleinen Fluß, der sich durch die Wiesen schlängelt. Neugierig wanderst du hinab. Du spürst das frische, weiche Gras unter deinen Füßen, das intensiv duftet. Und der Geruch frischer Erde verbindet sich mit dem Duft des Flusses, als du näher kommst.

Nach einer Biegung bemerkst du ein kleines Floß. Du wirst neugierig und schaust dir dieses Fahrzeug genau an. Du bemerkst, wie solide und zuverlässig es gebaut ist. Und du wagst es, dich mitten auf das Floß zu setzen, und nachdem du dich diesem Fahrzeug anvertraut hast, kannst du dich noch mehr entspannen. Du bemerkst das sanfte Schaukeln der Wellen, das Floß wiegt dich hin und her während du weitertreibst. Du genießt das Plätschern des Wassers und bemerkst, wie dein Floß einem Tunnel zutreibt. Hier ist eine angenehme Stille und Kühle, und am Ende des Tunnels siehst du hell und deutlich das Sonnenlicht. Mit einem Mal wird dir klar, daß dies der Tunnel der Träume ist, und du bekommst Lust, während deiner Reise zu träumen. Und du schaust in die Dunkelheit und läßt dir Zeit für einen Traum. Und es spielt keine Rolle, ob du diesen Traum erinnerst und wie wach du ihn erlebst. Du gleitest dahin im Vertrauen auf den Fluß und dein angenehmes Fahrzeug ... Nun bist du am Ende des Tunnels angekommen. Du spürst das warme, helle Sonnenlicht. Es gibt dir ein Gefühl von Kraft und Glück. Wenn du einatmest, riechst du alle die frischen Düfte von Blumen, Gras und Wasser. Und wenn du zum Himmel emporblickst, siehst du eine tiefe, unermeßliche Fläche. Und du spürst innere Ruhe und Heiterkeit, während du weiter den Fluß hinabtreibst wie eine kleine weiße Wolke am Himmel, die leicht und ohne Anstrengung durch das Blau segelt. Du spürst die Ruhe um dich herum, und auf eine ganz besondere Art bist du mit der Natur verbunden, mit ihrer Harmonie und Zuverlässigkeit. Du spürst, wie die Wärme der Sonne deinen Körper einhüllt, und du weißt, daß du dich in diesen Augenblicken ganz sicher fühlen kannst, ganz eins mit dem Fließen des Wassers, mit der Wärme der Luft, mit Düften und Tönen, während du so dahingleitest ...

Und du kannst dir vornehmen, solche Erfahrungen häufiger zu machen, um dich zu erfrischen, und du kannst jetzt dein Floß sanft landen lassen, dich von ihm verabschieden in der Gewißheit, daß du dich, wann immer du das möchtest, zu einer neuen Reise verabreden kannst.

Und nun reck dich und streck dich ein wenig, fang an, wieder Hände und Füße zu bewegen, öffne deine Augen, und komm hierher zurück, erfrischt und wach.

Dein Licht leuchtet

Mach es dir bequem, achte auf deinen Atem und stell dir einen Leuchtturm vor, der auf der höchsten Stelle einer kleinen felsigen Insel im Ozean steht. Stell dir vor, du bist dieser Leuchtturm, und du stehst fest und sicher, verbunden mit dem Fels der Insel. So stehst du bei Wind und Sturm, Hitze und Kälte fest und sicher. Und Tag und Nacht sendest du aus deinem Fenster oben im Turm ein helles breites Lichtband. Bei gutem und bei schlechtem Wetter sendest du dein helles Licht und gibst den Menschen auf dem Meer und an der Küste ein gutes Gefühl der Sicherheit. Und nun kannst du vielleicht auch das innere Licht in dir spüren, ein Licht, das nie ausgelöscht werden kann in deinem Leben ...

Und wenn es für dich an der Zeit ist, dann komm hierher zurück in den Raum, reck dich und streck dich, und sei wieder erfrischt und wach.

Kerzen

Setz dich bequem hin, halte den Rücken gerade und stell dir vor, daß du bei jedem Ausatmen etwas mehr loslassen kannst. Stell dir vor, daß mitten in deiner Brust ein kleines Feuer brennt, vielleicht eine Kerze, ein Lagerfeuer oder nur ein Streichholz. Und vielleicht kannst du dir vorstellen, daß du mit jedem Ausatmen etwas mehr Luft in die Flamme pustest, so daß sie heller brennt und dein Brustkorb sich mit Wärme füllt. Und du kannst dir vorstellen, daß sich ein angenehmes Gefühl in dir ausbreitet, das dich wärmt und stärkt.

Und nun stell dir vor, daß ungefähr im Abstand von einem Meter drei Kerzen vor dir stehen. Laß sie so groß sein, daß die Flamme ungefähr in Bauchnabelhöhe brennt. Und nun kannst du dir vorstellen, daß du Wasser einatmest und beim Ausatmen die Flammen damit löschst ... und nun stell dir vor, daß du feurigen Atem hast und damit eine Flamme nach der anderen wieder anzünden kannst. Und nun sieh die brennenden Kerzen vor dir ... und wenn es für dich an der Zeit ist, kannst du sie auspusten und dabei diesen ganz spezifischen Geruch wahrnehmen, der entsteht, wenn der Docht einer ausgeblasenen Kerze langsam verglimmt.

Luftschiff

Setz dich bequem hin und stell dir vor, daß du mit jedem Ausatmen ein Luftschiff aus farbigem Stoff aufbläst und daß das Luftschiff mit jedem Ausatmen größer und größer wird ... Allmählich kannst du seine typische zigarrenähnliche Form erkennen und bemerken, wie es noch größer und größer wird. Und jetzt kannst du erkennen, daß an seinem Bauch eine Gondel befestigt ist, und du kannst entscheiden, ob du an Bord gehen möchtest, um eine kleine Reise zu riskieren. Wenn du lieber am Boden bleiben möchtest, kannst du dem Luftschiff zusehen, wie es sich erhebt, und wenn du mitfliegen willst, kannst du das sanfte Schaukeln erleben und das besondere Gefühl des Schwebens genießen. Und so kannst du den Flug des Luftschiffes miterleben, seine Ruhe, sein Gleiten und das Glitzern des Lichtes auf seiner Außenhaut ... Und wenn du in den gegenwärtigen Moment zurückkehren möchtest, dann laß das Luftschiff weich und sicher landen ... Steige aus und komm wieder hierher zurück, erfrischt und wach.

Der fliegende Teppich

Mach es dir auf dem Boden bequem, und wenn du möchtest, kannst du die Augen schließen. Allmählich kannst du anfangen, auf deinen Atem zu achten, und nun stell dir vor, daß es ein schöner, warmer Sonnentag ist, und du bist draußen in der Natur ... und du kannst dir vorstellen, daß du auf einem Zauberteppich liegst ... laß dir einen Augenblick Zeit, dir vorzustellen, wie dieser Teppich aussehen soll ... einfarbig oder gemustert, weich und langhaarig, Material und Fransen ganz nach deinem Geschmack ... und du kannst das Gefühl haben, daß du in dieser Situation ganz allein bestimmst und daß du dich sicher und friedlich fühlen kannst. Und nun stell dir vor, daß dies ein Teppich ist, mit dem du überall hinreisen kannst, ganz wie du möchtest. Und während du auf dem Teppich liegst und das Gefühl der Ruhe und Heiterkeit genießt, kannst du dich allmählich dem Gefühl des Schwebens anvertrauen ... und du kannst spüren, wie du noch tiefer in dieses Gefühl hineingleitest, und dieses Gefühl des Schwebens ist überraschend angenehm. Und du kannst das Gefühl genießen, wenn sich der Zauberteppich sanft von der Unterlage abhebt, und das ist so ein friedliches Erlebnis, daß du dich noch weiter entspannen kannst. Und du kannst deinen Teppich mit deinen Wünschen steuern und selbst bestimmen, wie hoch oder tief du fliegen möchtest. Und wenn du willst, kannst du hinabschauen, dich umsehen und Wolken und Himmel betrachten, und wenn du Lust hast, kannst du manchmal langsamer und manchmal schneller fliegen. Und du kannst dieses ganz besondere Erlebnis genießen. Mit deinem Zauberteppich bist du frei wie ein Vogel ... Und nun kannst du daran denken, sanft zu landen und an deinen Ausgangspunkt zurückzukehren. Du bewegst wieder Füße und Hände und kommst hierher zurück, erfrischt und wach.

Delphine

Leg dich bequem hin und mach es dir ganz gemütlich. Du kannst auf deinen Atem achten und dir vorstellen, daß es ein ruhiger, schöner Tag am Meer ist. Du gehst über den weißen Sand und hörst das Geräusch der Wellen, und wie du deinen Blick über das weite Meer gleiten läßt, bemerkst du Delphine. Und du bekommst Lust, hinauszuschwimmen zu den Delphinen, hinter die Brandung. Und du fühlst dich frisch und wunderbar, als auf einmal ein Delphin auf dich zuschwimmt und dich freundlich anschaut. Und der Delphin bietet dir an, mit ihm zu schwimmen, und du spürst, daß du sogar auf ihm reiten darfst, wenn du das möchtest. Und du kannst mit dem Delphin durch das Wasser gleiten und auch die Tiefe des Ozeans erkunden ... Und du spielst sehr lange mit dem Delphin und er mit dir ... Und nun bringt dich der Delphin an den Strand zurück. Und du bedankst dich bei ihm, wenn er wieder ins weite Meer hinausgleitet. Und du kannst sicher sein, daß du dich jederzeit zu einem neuen Ausflug ins Meer mit deinem Delphin verabreden kannst ...

Und dann komm wieder hierher zurück in den Raum, reck und streck dich ein wenig, und sei wieder erfrischt und wach.

Im Garten Eden

Vielleicht weißt du, daß das Paradies auch Garten Eden genannt wurde. Wenn du willst, kannst du es dir jetzt ganz bequem machen und früher oder später anfangen, auf deinen Atem zu achten ... und dann stell dir vor, du bist im Garten Eden. Du bekommst einen kleinen goldenen Besen, mit dem du alles Störende und alles, was du loswerden möchtest, von dir abfegen kannst. Du schaust dich um und siehst die wunderschönen Wiesen, Blumen und Bäume im Garten ... Und irgendwo hörst du eine Quelle plätschern. Du beschließt, die Quelle zu suchen und findest sie bald. Ihr Wasser quillt aus einer Felsritze hervor und fängt sich in einem kleinen Bassin, wo es in der Sonne glitzert. Du bemerkst den frischen Duft des Wassers und der Pflanzen, die hier wachsen ... Und du bekommst Lust, aus der Quelle zu trinken, und schöpfst das klare, reine Wasser mit deinen Händen. Du trinkst es in langen Zügen und spürst seine wohltuende Kraft. Laß dieses Wasser deinen ganzen Körper durchdringen, und spüre seine erfrischende Kraft. Und nun kannst du dir erlauben, selbst in das Becken zu steigen, und laß das Wasser über dich fließen. Laß es alle überflüssigen Dinge aus deinem Körper wegspülen, alle quälenden Vorstellungen, alle Angst, allen Streß und alle Sorgen. Werde selbst zur Quelle, reine Energie. Und du weißt nicht genau, was du mehr genießen kannst, die Beständigkeit und die schöne Form des Beckens oder die Reinheit und Beweglichkeit des Wassers, aus dem das Leben kommt ... Und du wirst wieder du selbst, steigst aus der Quelle und wärmst dich im Licht der Sonne. Und über die duftenden Wiesen kommst du in deinem eigenen Tempo hierher zurück in den Raum, reckst dich und streckst dich, erfrischt und wach.

Dein Freund im Gebirge

Mach es dir ganz bequem und gestatte dir, dich mit jedem Atemzug etwas mehr zu entspannen. Stell dir vor, du stehst auf einer schönen Wiese im Sonnenlicht. Vor dir siehst du einen schmalen Pfad und beschließt, ihm zu folgen. Er führt ins Gebirge. Höher und höher steigst du hinauf, und du weißt, daß du es schaffen wirst, den Gipfel zu erklimmen ... Du wanderst über Steine und Felsen, aber jetzt hast du es geschafft. Das ganze Land breitet sich unter dir aus. Und während du die schöne Aussicht genießt, siehst du einen guten und weisen Freund auf dich zukommen. Zuerst siehst du ihn noch verschwommen, aber dann steht ihr euch gegenüber, du kannst sein liebevolles Gesicht und sein Lächeln sehen. Und du weißt, daß du ihm alle Fragen stellen kannst, die du schon immer stellen wolltest, und jetzt hast du Gelegenheit dazu ...

Die Antwort kannst du hören oder spüren, und vielleicht siehst du die Antwort auch als Bild. Nimm alles mit zurück und bedanke dich bei deinem Freund in der Gewißheit, daß du ihn immer wieder treffen kannst, wenn du das möchtest. Und dann verabschiede dich und geh den gleichen Weg wieder zurück, über die Wiese hierher in den Raum. Und reck und streck dich ein wenig, bewege Hände und Füße und sei wieder hier, erfrischt und wach.

Der hohle Baum

An einem sonnigen Tag gehst du einen schönen Weg entlang. Und während du die warmen Sonnenstrahlen auf deiner Haut genießt, siehst du in der Ferne einen großen schönen Baum. Durch den Duft der Wiese näherst du dich ihm. Zu deinem Erstaunen kannst du bemerken, daß in seinem Stamm eine Tür ist, kaum sichtbar für die Augen. Du beschließt, deiner Neugier nachzugeben, und öffnest die Tür, wobei du sanft über die Rinde des Baumes streichst. Du kannst eine Treppe bemerken, die im Innern des Baumes hinabführt, Stufe für Stufe, immer tiefer. Schritt für Schritt steigst du die Treppe hinab und bemerkst früher oder später ein sanftes Licht. Du trittst in eine geräumige Höhle mit einer angenehm warmen Atmosphäre. Allmählich erkennst du Regale aus warmem Holz an den runden Wänden, voll merkwürdiger Gegenstände, die du gern betrachten willst ... Und eine freundliche Stimme lädt dich ein, dir etwas auszusuchen. Ein Geschenk, genau für dich ... Behutsam und vorsichtig nimmst du dein Geschenk, be-

111

dankst dich auf deine Art und fängst an, die Treppe wieder hinaufzusteigen ... und du gehst durch die Tür hinaus ins helle Sonnenlicht und den Weg zurück und wieder hierher in den Raum. Und du nimmst ein paar tiefe Atemzüge und reckst dich und streckst dich, um wieder hier zu sein, erfrischt und wach.

Du schaffst es!

Immer, wenn du etwas Neues lernen willst oder vor einer schwierigen Aufgabe stehst, kannst du dich gut darauf vorbereiten, indem du die neue Situation in deiner Phantasie durchspielst. Das tun auch alle Menschen, die etwas ganz Besonderes leisten müssen, zum Beispiel Sportler vor einem entscheidenden Wettkampf. Bist du schon einmal von einem hohen Turm ins Wasser gesprungen? In deiner Phantasie kannst du das jetzt einmal ausprobieren.

Deshalb mach es dir bequem und, wenn du möchtest, schließ die Augen. Beginne früher oder später auf deinen Atem zu achten und stell dir ein großes schönes Schwimmbad vor. Frisch und blau leuchtet das Wasser, und du bemerkst die Stufen, auf denen kleine Kinder ins Wasser steigen können. Am gegenüberliegenden Ende des Beckens gibt es zwei Sprungbretter. Das eine ist nur ein wenig höher als der Beckenrand, das andere ist sehr hoch und an einem Turm befestigt. Nachher wirst du ganz leicht von diesem Turm ins Wasser springen.

Du stehst nun in deinem Badeanzug oder deiner Badehose unten am Sprungturm. Fang langsam an, die Leiter hinaufzuklettern, und spüre, wie mutig und stark du bist. Du kannst die Stufen, die du nimmst, zählen, eins, zwei, drei … immer höher … Und während du kletterst, kannst du dir sagen: „Ich kann es schaffen, ich kann es schaffen!" Und du bemerkst, wie du immer mehr Zuversicht entwickelst. Hole tief Luft und bemerke, wie sich die Zuversicht mit jedem Atemzug in deinem Körper ausbreitet. Du kletterst bis zur Plattform.

Du hast es geschafft und genießt den Ausblick von hier oben. Langsam trittst du auf das Sprungbrett. Entschlossen gehst du bis zum Ende des Sprungbrettes und überlegst, welche Art Sprung du probieren möchtest. Nun nimmst du die Haltung an, die zu dem Sprung paßt und sagst zu dir selber: „Ich schaffe es!" Du holst tief Luft – Achtung, fertig, los! „Ich schaffe es!"

Stell dir vor, wie du dich vom Sprungbrett löst und durch die Luft segelst auf das Wasser zu. Wie hältst du deinen Körper, und wie bewegst du ihn während des Sprunges? Mit welchem Körperteil kommst du zuerst im Wasser an? Du tauchst in das Wasser ein und spürst, wie es dich auffängt. Dann tauchst du wieder auf und holst tief Luft. Du siehst das Schwimmbad im Sonnenlicht, und während du zum Beckenrand schwimmst, sagst du leise zu dir: „Ich habe es geschafft!" Mutig und stolz kletterst du aus dem Wasser und trocknest dich mit einem warmen Handtuch ab. Du läßt dich noch eine Weile von der Sonne verwöhnen und kommst dann wieder hierher, erfrischt und wach.

Der Sorgen-Schrank

Manchmal machen wir uns Sorgen. Vielleicht hängen die Sorgen mit etwas zusammen, was du getan hast und was dir jetzt leid tut, oder mit der Familie oder mit der Schule.

Dann ist es gut, wenn wir den Sorgen einen Platz geben. Sie dürfen sich nicht so groß anfühlen, daß sie uns den Tag verdunkeln. Sie dürfen da sein, aber sich nicht so breit machen. Ich will dir zeigen, was du tun kannst, wenn dir eine Sorge den Tag ganz grau machen will. Deshalb setz dich bequem hin und schick deinen Atem beim Ausatmen ganz weit weg ... du kannst die Augen schließen und dir vorstellen, daß du allein in einem Zimmer sitzt. Neben dir ist ein ganz besonderer Schrank. Vielleicht hat er Türen aus Glas. Und nun kannst du anfangen, dich auf etwas zu konzentrieren, das dir Sorgen macht ... achte darauf, wo du im Körper diese Sorge besonders bemerkst und wie sie sich dort im Körper anfühlt ... Und nun stell dir vor, daß diese Sorge plötzlich deinen Körper verläßt und in das Zimmer fliegt. Und du fängst sie leicht mit deinen Händen und formst sie wie einen Klumpen Ton. Und du gibst ihr eine Gestalt, die dir gefällt ... und nun stell diesen Gegenstand in den Schrank, hole tief Luft und sage zu dir selbst: „Abgesehen hiervon geht es mir gut ..." Und du kannst das gleiche mit anderen Sorgen wiederholen, die dir noch einfallen. Spüre, wie sie sich in deinem Körper anfühlen, laß sie aus deinem Körper herausfliegen und gib ihnen eine neue Form, indem du sie durchknetest. Dann stell sie in den Schrank ...

Und nun schau auf all die Sorgen in dem Schrank und sage dir selbst: „Abgesehen hiervon geht es mir gut." Und du kannst dir selbst zulächeln, und du kannst das Lächeln so klein oder groß machen, wie du es möchtest und wie es zu dir paßt.

Und dann reck und streck dich ein wenig, öffne deine Augen, und komm hierher zurück, erfrischt und wach.

Gute Gefühle

Wenn wir gute Gefühle in uns haben, können wir leichter lernen. Und wenn du gern gute Gefühle haben möchtest, dann kannst du folgendes ausprobieren: Mach es dir ganz bequem und fang an, auf deinen Atem zu achten ...

Nun lege Daumen und Zeigefinger zusammen und erinnere dich an eine Situation, in der du sehr erfolgreich warst. Vielleicht eine Sportstunde oder ein Fußballspiel, vielleicht hast du ein besonders schönes Bild gemalt oder eine gute Arbeit zurückbekommen ... Laß dir Zeit, etwas zu finden, was wirklich sehr gut für dich war und wo du stolz auf dich sein konntest ... Nun lege Daumen und Mittelfinger zusammen und erinnere dich an eine Situation, in der du dich ganz warm und liebevoll gefühlt hast ...

Und nun lege Daumen und Ringfinger zusammen und erinnere dich an eine Situation, in der du das schönste Kompliment bekommen hast, das du jemals gehört hast ... Und nun lege den Daumen mit dem kleinen Finger zusammen und erinnere dich an den schönsten Platz, den du jemals gesehen hast ...

Und nun lege die Spitzen aller Finger zusammen und erinnere dich an das, was du mit dieser Hand besonders gut tun kannst ...

Und nun bringe beide Hände zusammen und reibe die Handflächen kräftig aneinander ... und dann atme ganz tief und öffne die Augen und sei wieder hier, erfrischt und wach ...

Mein Raum

Wenn du dir gute Stimmung verschaffen willst, kannst du das folgende Experiment nutzen und es immer wiederholen, wenn du möchtest, daß es dir gut geht. Setz dich bequem hin und fang an, auf deinen Atem zu achten. Atem bedeutet Lebenskraft. Und du kannst dir vorstellen, daß du ganz still und allein in einem besonders schönen leeren Raum bist ...

Und nun stell dir einen Menschen oder einen Gegenstand oder ein Tier oder eine Pflanze vor, die du besonders gern in deinem Raum hättest ... und dann hole noch einen und noch einen und beobachte, wie du dich fühlst, wenn du so dabei bist, besondere Menschen, Tiere oder schöne Gegenstände in deinen Raum zu holen ... Du hast jetzt Zeit, so weiter an der Verschönerung des Raumes zu arbeiten, bis er sich ganz zu deiner Zufriedenheit gefüllt hat ...

Und nun kannst du dem Raum und allen, die da waren, danken. Und dann komm mit deiner Aufmerksamkeit allmählich hierher zurück, reck und streck dich, und sei wieder ganz wach.

Was ich erreichen möchte

Wenn du etwas erreichen möchtest, was du noch nicht kannst, oder etwas Neues lernen, dann kannst du deine Phantasie einsetzen und damit lernen, wie das geht.

Deshalb mach es dir ganz bequem und fang an, auf deinen Atem zu achten ...

Und nun kannst du alle Aufmerksamkeit auf dein Herz konzentrieren und an irgend jemand denken, den du liebst ... Und du kannst das Gefühl der Wärme genießen ... und du kannst bemerken, wie sich dieses warme Gefühl in deinem ganzen Körper ausbreitet ...

Und nun kannst du vor dir einen wunderschönen Platz in der Natur sehen, einen Platz, den du wirklich magst ... und du kannst die Ruhe um dich genießen und das angenehme Gefühl, jetzt an diesem schönen Platz zu sein ...

Und nun bemerkst du einen kleinen Hügel in der Nähe und darauf ein kleines Haus. Und du entschließt dich, darauf zuzugehen ... und du kommst zu einer Tür und trittst ein ... Dies ist dein Haus. Du findest darin genau die Ausstattung, die du dir wünschst. Und nun setz dich an einen Tisch in deinem Haus und nimm dir Kugelschreiber oder bunte Stifte und schreibe ganz genau auf, was du dir vorgenommen hast. Gehe sorgfältig vor und überlege genau, in welcher Farbe du dein Ziel aufschreiben möchtest. Sieh, wie sich die Worte auf dem Papier bilden, während du schreibst.

Und nun kannst du eine weise Person herbeirufen, die dich berät und die du magst. Das kann jeder sein, den du für tüchtig genug hältst, daß er etwas von deinem Ziel versteht. Dieser Berater wird gleich zu dir in den Raum kommen. Sieh, wie sich die Tür öffnet und der Berater vor dir steht. Und gleich wirst du deinen Berater bitten, daß er dir zeigt oder sagt, was du zu tun hast, um dein Ziel zu erreichen ... Frage deinen Berater jetzt ... Sei einfach mit ihm zusammen und achte auf alles, was er dir zu sagen oder zu zeigen hat ...

Und nun dreh dich bitte um und sieh auf die Leinwand, die hinter dir im Raum hängt. Hierauf wird gleich ein Film zu sehen sein. Und dieser Film zeigt dich, wie du dein Ziel erreichst ... Und der Film zeigt auch, was du tust, nachdem du dein Ziel erreicht hast ...

Und jetzt kannst du wissen, daß du dein Ziel erreichen kannst und daß du das Wichtige, das du dafür brauchst, in dir hast ...

Und nun bedanke dich bei deinem Berater und bei deinem Haus, daß sie für dich da sind, wenn du sie wieder brauchst, um Unterstützung für dein Ziel zu erhalten. Und nun kannst du das Haus wieder verlassen und die Tür hinter dir schließen.

Und nun komm langsam wieder hierher zurück in den Raum, bewege Hände und Füße, und sei erfrischt und wach.

11. Yoga für Eltern und Kinder

Was mich an Yoga immer wieder so fasziniert ist die Tatsache, daß ich durch diese Körperübungen wie von selbst in einen Zustand der Achtsamkeit und Entspannung gerate. Genau dies bedeutet das Wort Yoga auch, nämlich „Vereinigung" von körperlichen, seelischen und geistigen Elementen. Yoga ist ein umfassendes Gesundheitssystem, und die bei uns bekannten Yoga-Übungen (Hatha-Yoga) bilden nur einen Teil der Lehre, die über 5000 Jahre alt ist. Yoga verbindet in ausgewogener Weise körperliche Anspannung und Dehnung mit Loslassen und Entspannung, es vermittelt Achtsamkeit dem eigenen Körper gegenüber und ist nicht auf Show und Leistung aus, sondern vermittelt Sicherheit und Gelassenheit.

Kinder lernen Yoga am besten in einer Gruppe mit anderen Kindern und unter sorgfältiger Anleitung, die gleichzeitig Freude vermittelt.

Wenn sich hierzu keine Gelegenheit bietet, ist es sinnvoll, daß Sie sich selber einen Yoga-Kurs organisieren und Ihr Kind bei eigenen Übungen zuschauen lassen. Auf diese Weise bekommen auch schon kleine Kinder Lust, mitzutun. Bei allen Yoga-Übungen folgt die Bewegung dem Atem, so daß eine vertiefte Atmung ganz von selbst eintritt. Korrigieren Sie Ihr Kind, wenn überhaupt, sehr sanft. Geben Sie ihm eindeutige Bilder vor, die Sie zusätzlich mit den eigenen Erfahrungen des Kindes verknüpfen können. Alle Yogaübungen haben anschauliche Namen, mit denen Kinder konkrete Vorstellungen verbinden, die motivieren und den Anfang erleichtern.

Die folgenden, sehr einfachen Übungen eigenen sich auch für Kindergärten oder Schulklassen als Übungen für „zwischendurch".

Sie sollten jedoch nicht in dieser Reihenfolge geübt werden.

Wenn Sie vorhaben, eine ganze Übungsreihe mit den Kindern durchzuführen, sollten Sie mit Aufwärmübungen beginnen und in der „Totenstellung" abschließen. Den Mittelteil können Übungen wie Katze, Vogel, Schmetterling, Hund oder Krokodil bilden.

Wenn möglich, sollten die Übungen barfuß, auf jeden Fall in bequemer Kleidung durchgeführt werden.

Der Berg

Tadasana (Tada: Sanskrit = Berg)

Hast du schon einmal einen Berg gesehen, der mächtig und fest in der Erde verankert ist und dessen Gipfel bis hoch in die Wolken ragt?

Stell deine beiden Füße fest auf den Boden, so daß sie guten Halt in der mächtigen Erde haben. Erhebe deinen Kopf bis hoch in die Wolken, laß Arme und Schultern entspannt und stehe mit Würde wie ein Berg, während dein Atem gleichmäßig weiterfließt.

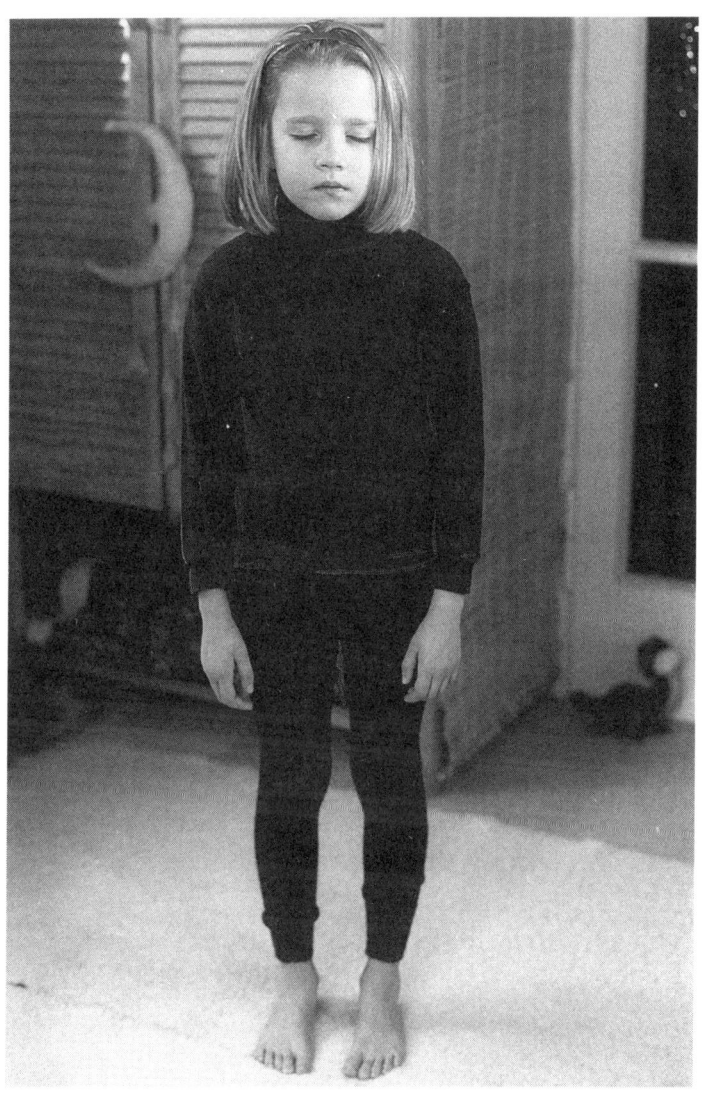

Eine Haltung die Kindern hilft, mit beiden Füßen fest auf der Erde zu stehen.

Der Gruß

(Namaskara = Gruß)

Auf der ganzen Welt gibt es verschiedene Arten, sich zu grüßen. Welche Arten kennst du?

In Indien gibt es drei Arten, einander zu grüßen: Wenn man einander grüßt, legt man die Hände vor der Brust zusammen, deutet eine Verbeugung an und lächelt. Will man besonderen Respekt ausdrücken, hält man die Hände vor die Stirn.

Wer Gott grüßen will, verfährt wie folgt:

Gehe in die Berg-Stellung und atme gleichmäßig aus und ein. Beim nächsten Einatmen hebst du die Arme über die Seiten nach oben, so daß sich deine Handflächen über dem Kopf berühren und die Fingerspitzen zur Decke zeigen. Hebe den Kopf und schaue auf deine Hände, die du leicht aneinanderdrückst.

Beim Ausatmen drehst du die Hände, so daß die Handrücken sich berühren, und führst sie dann langsam über die Seiten nach unten, während du wieder geradeaus blickst. Nun stehe wieder in der Bergstellung und atme entspannt weiter.

Der Gruß weckt im Kind Achtsamkeit und Ehrfurcht – vor
dem neuen Tag, der Sonne, dem Leben, Gott ...

125

Der Vogel

(Vihanga = Vogel)

Du stehst in der Bergstellung und atmest gleichmäßig aus und ein. Gleich wirst du auf besondere Art wie ein Vogel fliegen. Beim nächsten Ausatmen streckst du beide Arme in Schulterhöhe nach vorn und drückst die Handflächen aneinander. Während du einatmest, öffnest du die Arme und breitest sie so weit wie möglich nach hinten aus, wobei du die Fersen vom Boden hebst und dich auf die Zehen stellst. Versuche, Rücken und Kopf ganz gerade zu halten und die Arme in Schulterhöhe zu belassen. Beim nächsten Ausatmen führst du die gestreckten Arme vorn wieder zusammen und senkst die Fersen zum Boden, während du die Handflächen aneinander legst.

Führe diese Bewegung so achtmal durch; während du das achte Mal ausatmest, senkst du die Arme und stehst wieder in der Bergstellung.

Kinder dürfen ermutigt werden, sich immer wieder mal Höhenflüge zu gestatten und sich frei wie ein Vogel in der Luft fühlen.

Der Adler

(Garuda = Der Adler)

Garuda ist der Name des Vogels, der dem Gott Vishnu als Reittier diente. Möchtest du einmal versuchen, dieser Vogel zu sein?

Du stehst in der Bergstellung und atmest gleichmäßig aus und ein. Während du ein-atmest, hebst du beide Arme zu den Seiten in Schulterhöhe an. Deine Handflächen zeigen zum Boden, dein Körper steht aufrecht und gerade. Beim nächsten Ausatmen drehst du den Körper so weit wie möglich nach rechts und folgst mit den Augen der Bewegung der rechten Hand. Dabei bleiben die Füße am Boden und die Beine gesteckt. Beim nächsten Einatmen drehst du Kopf und Oberkörper zurück zur Mitte und schaust mit zur Seite gestreckten Armen nach vorn.

Beim nächsten Ausatmen wiederholst du die Drehbewegung nach links. Übe so achtmal. Beim achten Ausatmen senkst du die Arme und spürst in der Bergstellung nach, wie sich dein Körper jetzt anfühlt.

Wenn man so hoch über den Dingen schwebt, wie der
Adler, hat man mehr Überblick und lernt Wichtiges vom
Unwichtigen unterscheiden.

Der Hund

(Adho Mukha Svana = Der Hund)

Hast du schon einmal gesehen, wie ein Hund nach dem Schlafen aufsteht?

Du beginnst im Vierfüßlerstand, Hände und Knie auf dem Boden, die Arme sind gestreckt.

Beim nächsten Ausatmen stellst du die Zehen auf den Boden, hebst deinen Po, streckst die Beine durch und stützt dich auf die Arme. Dehne dich noch mehr, indem du die Füße auf den Boden stellst.

Laß den Kopf hängen und atme gleichmäßig weiter. Nach einigen Atemzügen beuge die Knie, setz dich auf die Fersen, und finde eine Haltung zum Ausruhen.

Die Kraft spüren, die in Armen und Beinen steckt, der eigenen Kraft vertrauen und beim abschließenden Sitzen mutig nach vorne schauen.

Der Löwe

(Simha = Der Löwe)

Du sitzt auf den Fersen. Leg die Hände mit den Handflächen nach unten und spreize die Finger, während du durch die Nase einatmest, Lehne dich nun leicht nach vorn, und atme kräftig und vielleicht mit einem Brüllen aus. Gleichzeitig darfst du die Zunge ausstrecken und mit den Augen rollen. Halte diese Stellung solange du magst, schließe dann den Mund und atme durch die Nase weiter.

Das Kind darf sich auch mal ganz stark und gefährlich erleben (Übrigens auch Mütter und Väter). Diese Haltung hilft, seine innere Stärke zu finden und über Ängstlichkeit und Verzagtheit leichter hinwegzukommen.

Der Fisch

(Matsya = Der Fisch)

Du liegst mit gestreckten Beinen auf dem
Boden auf dem Rücken, die Füße sind
geschlossen. Schiebe nun die Hände mit den
Handflächen nach unten unter die Oberschenkel. Beim nächsten Einatmen drückst du
mit der Kraft der Ellenbogen die Brust hoch und
den Nacken nach hinten, so daß dein Scheitel
den Boden berührt. Dein Mund ist leicht
geöffnet, und du atmest tief ein und aus. Um
aus der Stellung zu kommen, hebst du als
erstes den Kopf, dann löst du die Arme, legst sie
neben den Körper und ruhst dich aus.

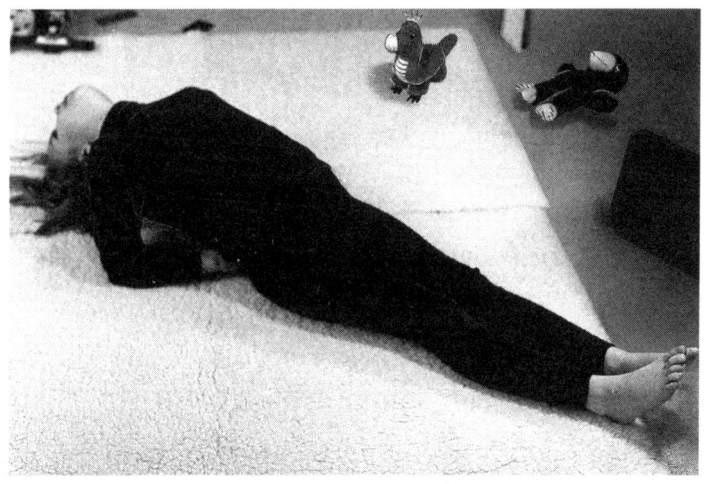

Diese Haltung zählt zu den klassischen Yoga-Übungen. Sie weitet den Brustkorb des Kindes und macht seinen Atem frei.

Die Kerze

(Sarvanga = Die Kerze)

Lege dich flach auf den Boden auf deinen Rücken, und lege die Arme mit den Handflächen nach unten neben den Körper. Gleich werden deine Zehen nach oben zeigen wie die Flamme einer Kerze.

Beim nächsten Ausatmen nimmst du die Beine nach oben, so daß deine Knie dicht an die Ohren kommen.

Nun legst du die Hände zur Stütze an deinen Rücken und streckst die Beine gerade in die Höhe, während du gleichmäßig weiteratmest.

Du gehst aus der Stellung heraus, indem du deine Knie wieder zu den Ohren kommen läßt und deinen Rücken allmählich Wirbel für Wirbel dem Boden übergibst. Wenn du dich ausgeruht hast, ist es gut, den Fisch zu üben, die Umkehrhaltung zur Kerze.

Die Kerze – auch Schulterstand genannt – ist für manche Kinder nicht ganz einfach. Wichtig: Locker bleiben und nichts erzwingen wollen.

137

Die Totenstellung

(Sava = Totenstellung)

Du liegst auf dem Rücken, die Beine leicht
gespreizt, die Hände in leichtem Abstand vom
Körper mit den Handflächen nach oben auf
dem Boden.

Mach es dir ganz bequem, und achte darauf, daß
sich beide Körperseiten gleich anfühlen.

Schließe die Augen, und atme tief in den Bauch.

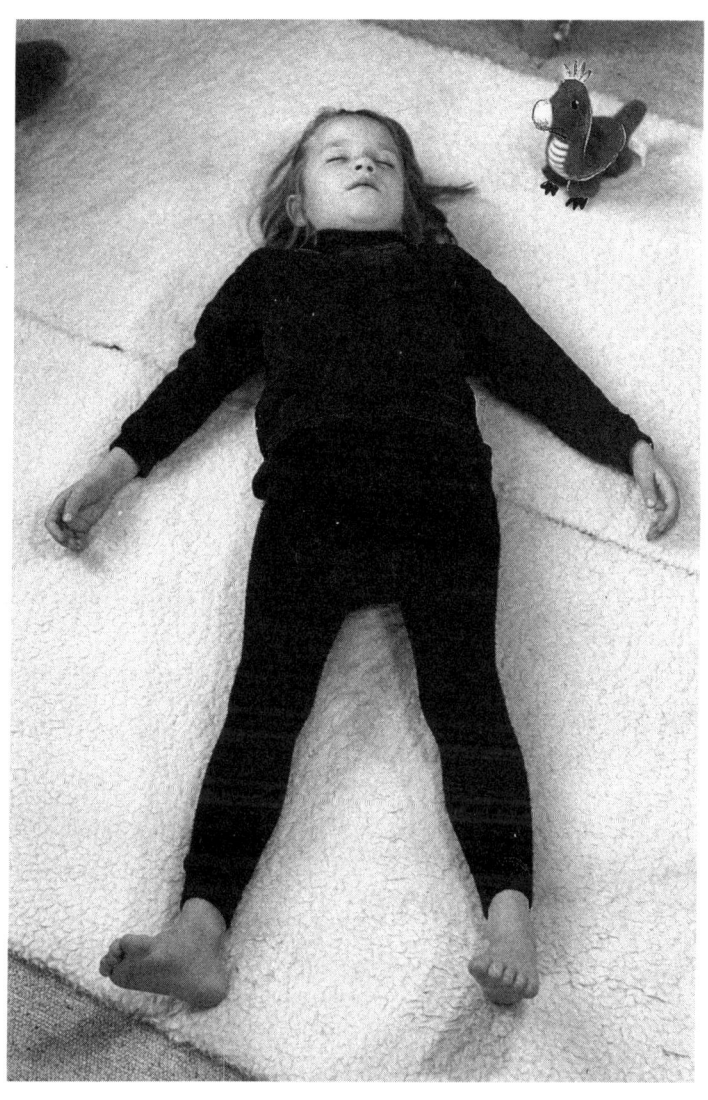

Alle Muskeln loslassen und sich ganz dem Boden anver-trauen – er trägt. Das Kind atmet ruhig und tief und ist ganz entspannt.

12. Lauschen lernen – vom stillen Umgang mit Klängen und Musik

Unsere Welt ist laut. Eine ständige Geräuschkulisse begleitet unseren Alltag, eine Dauerberieselung von Klängen, Geräuschen und Musik ist in vielen Haushalten üblich. Kann es uns wundern, wenn Kinder immer lauter werden, um sich verständlich zu machen?

Wenn der Wunsch zu lauschen, den jedes Kind schon aus dem Embryonalzustand mitbringt, keine Gelegenheit zur Entfaltung findet, verkümmert er allmählich.

Dies ist verhängnisvoll, denn mit dem Ohr hören wir nicht nur, hier sitzt auch unser Gleichgewichtssinn. Jeder Muskel unseres Körpers steht über das Rückenmark mit dem Nerv des Gleichgewichtsorgans in Verbindung. Unser Körpergefühl sitzt also im Ohr, unsere Haltung, unsere Motorik, Verkrampfung und Schlaffheit werden über das Ohr reguliert. Wenn heute so viele Kinder außer sich geraten und so viele Erwachsene an Hörsturz und Tinnitus (ständige Ohrgeräusche) leiden, dann hat dies ganz sicher mit einer völligen Überlastung eines unserer edelsten Organe, dem Ohr zu tun. Denn im Gegensatz zu den Augen können wir unsere Ohren nicht zuklappen, sie sind selbst im Schlaf weit geöffnet, immer bereit zu lauschen.

Musiktherapeuten wissen, daß Töne unser Bewußtsein, unsere Denkfähigkeit, unser Gedächtnis, aber auch geistige Vitalität und Kreativität anregen können, wenn Kinder und Erwachsene wieder lernen zu lauschen.

Lauschen bedeutet, wirklich zuhören, gespannt einzelne Töne verfolgen, achtsam und bei den Klängen sein.

Dies setzt voraus, daß wir zunächst für Stille in den eigenen vier Wänden sorgen.

Lassen Sie also, zumindest in Anwesenheit Ihrer Kinder, weder Radio noch Fernseher „einfach so" laufen, sondern nur, wenn Sie bzw. Ihr Kind wirklich zuhören. Vermeiden Sie gerade in Anwesenheit kleinerer Kinder laute Haushaltsgeräte wie Staubsauger, Bohrmaschinen, Mixer, Getreidemühlen usw. Gerade kleine Kinder können sich nicht wehren, sie können auch nicht weglaufen und sind in manchen Haushalten einem beispiellosen Terror ausgesetzt, der überhaupt nicht wahrgenommen wird. Wenn Sie staubsaugen müssen, kann z. B. das Kind woanders spielen oder mit jemand spazieren gehen, wobei mir klar ist, daß dies für Großstädter auch selten eine ruhige Angelegenheit ist. Gerade deshalb möchte ich so eindringlich darauf hinweisen, daß Stille heilt – und daß es an der Zeit ist, sie allerorten in kleinen Schritten wieder herzustellen.

Klänge geben der Stille Würze. Sie können unsere Stimmung heben und uns mit Energie aufladen. Nichts beruhigt Kinder mehr als ein Wiegenlied, das wir, sie im Arm haltend, singen. Kleine Kinder haben heute schon eigene Kassettenrekorder. Haben sie aber auch ein eigenes Lied, ein eigenes einfaches Instrument und vor allem einen Menschen, der sie zum Lauschen anregt?

Die folgenden Anregungen sind für alle gedacht, die die Kunst des Lauschens wieder erlernen möchten.

Lauschen in der Natur

Wir legen oder setzen uns ins Freie oder öffnen ein Fenster. Wir schließen die Augen und lauschen. Bei jedem Geräusch, das wir hören, zeigen wir dies mit einem Finger aus der Faust an.

Wir schließen die Augen.
　Welche Geräusche macht der Wind?
　Wieviele Vogelstimmen sind hörbar?
　Welche Geräusche macht das Wasser?
　Welche Geräusche macht der Sand?

Alle schließen die Augen. Einer macht mit offenen Augen ein leises Geräusch, z. B. im Laub rascheln,
　zwei Kiesel gegeneinander klopfen,
　mit einem Stock im Sand oder in der Erde malen.
　Die anderen raten, wie das Geräusch erzeugt wurde.

Wir versuchen, eine bestimmte Strecke lautlos zu schleichen.

Wir sitzen lautlos und lauschen auf alles, was wir hören. Einer stoppt die Zeit und teilt uns mit, wielange wir das geschafft haben. Danach tauschen wir uns über das Gehörte aus.

In allen Elfen- und anderen Märchen von Elementarwesen kommt ihre Liebe zur Musik vor. Von Pflanzen wissen wir, daß sie Musik lieben. Deshalb suchen wir uns im Freien eine Blume, einen Stein oder eine Pflanze aus und singen ihr ein Lied. Dieses muß keinen Text haben und darf einfach aus uns heraus tönen.

Blinde Kuh – lauschend: Einer bekommt die Augen verbunden. Einer oder mehrere andere bewegen sich möglichst leise um ihn herum. Die blinde Kuh zeigt auf denjenigen, der sich mit einem Geräusch verraten hat.

Kraftlied: Ein Mensch, ein Baum oder eine andere Pflanze kommt in unsere Mitte bzw. wird von unserem Kreis umschlossen. Wir singen oder tönen für dieses Lebewesen nun ein bestimmtes oder selbst erdachtes Lied. Geeignet ist auch eine Improvisation mit Stimmen, bei denen wir die Töne einfach aus uns herauslassen.

Spiele mit Klängen und Geräuschen für drinnen

Ein einfaches Instrument (Triangel, Zymbel u. ä.) wird angeschlagen, während wir stehen. Je leiser der Ton wird, desto kleiner machen wir uns. Wenn nichts mehr zu hören ist, liegen wir auf der Erde.

Jemand sitzt in der Mitte mit verbundenen Augen. Ein oder mehrere andere, die dann im Kreis sitzen, erzeugen einen Ton auf einem einfachen Instrument oder mit Gegenständen. Wer in der Mitte sitzt, rät, wer das Geräusch gemacht hat und wie.

Einer hat ein einfaches Instrument und geht voraus. Ein oder mehrere andere folgen mit geschlossenen oder verbundenen Augen, indem sie sich nur auf die Ohren verlassen.

Wir sitzen oder stehen mit geradem Rücken. Wir einigen uns auf einen Vokal und erzeugen einen langen runden Ton – jeder in seiner Stimmlage.

Wir gehen durch den Raum, der leer sein sollte, und erfinden einen Gesang, der zu unseren Schritten paßt. Wie verändert sich das Lied, wenn wir hüpfen oder springen?

Tibetische Klangschalen erzeugen Klänge, die von selbst aufhorchen lassen und uns tief berühren. Wenn jedes Familienmitglied so eine Schale erhält, lassen sich damit heilsame Klänge erzeugen, die eine ganze Familie wieder aufeinander einstimmen können. Improvisationen damit werden zu Erlebnissen, die man so schnell nicht vergißt, weil sie unter die Haut gehen.

Auf Gläsern und Flaschen aller Art, die mit Wasser gefüllt werden, lassen sich durch sanftes Anschlagen oder Reiben mit feuchten Fingern nahezu alle Töne erzeugen. Einzeln oder mit mehreren komponieren wir so eine stille Musik.

Einer spielt auf einem einfachen Instrument einen Rhythmus oder eine einfache Tonfolge. Ein oder mehrere andere versuchen, diese nachzuspielen.

Mehrere Kinder und/oder Erwachsenes sitzen im Kreis. Einer wird mit verbundenen oder geschlossenen Augen in die Mitte gestellt. Aus dem Kreis versuchen nun ein oder mehrere andere geräuschlos hinter den Blinden zu treten. Dieser muß jetzt raten, wieviele hinter ihm stehen.

Ein oder mehrere Kinder legen sich entspannt auf den Boden und schließen die Augen. Ein anderer erzeugt nun nacheinander verschiedene Klänge. Diese soll der Liegende im Gedächtnis behalten und in der richtigen Reihenfolge benennen.

Sie klopfen Ihrem Kind einen einfachen Rhythmus auf den Rücken. Das Kind versucht, diesen auf einem einfachen Instrument (z. B. Handtrommel) nachzuspielen oder nun Ihren Rücken als Instrument zu benutzen.

Sie gehen schweigend durch den Raum. Nach einer Weile verabreden Sie einen bestimmten Rhythmus, indem Sie auf eins, zwei, drei oder vier besonders fest auftreten. Auf diese Weise können sie mit größeren Kindern auch das Einmaleins üben: Sie betonen dann mit einem Aufstampfen jeweils die in der Einmaleinsreihe vorkommende Zahl. Also z. B. 1, 2, 3, *4*, 5, 6, 7, *8*, 9, 10, 11, *12*.

Geben Sie Ihrem Kind eine große Muschel, und lassen Sie es das Meer darin erlauschen

Füllen Sie eine große Schüssel mit Wasser, und stellen Sie ein Glas, ein Stöckchen, einen Strohhalm, eine Kelle, einen Teelöffel u. a. bereit. Machen Sie sich gegenseitig verschiedene Wassergeräusche vor. Wieviele Geräusche bekommen sie zusammen?

Musik zum Träumen

Lassen Sie es sich zu einer schönen Gewohnheit werden, den Tag mit Musik abzuschließen.

Hierzu können Sie zum Beispiel ein kurzes, ruhiges Musikstück auswählen, das Sie gemeinsam und schweigend mit Ihrem Kind anhören. Was verändert sich, wenn Sie dabei einen Stein oder Kristall in der Hand halten oder eine Pflanze in Ihre Mitte stellen?

Singen Sie gemeinsam ein Abendlied oder, falls möglich, einen Kanon.

Singen Sie Ihrem Kind ein Schlaflied, solange es das mag. Nichts ist beruhigender und schöner als Ihre eigene Stimme.

Literatur

Dahlke, Rüdiger: Mandalas der Welt, Ein Meditations- und Malbuch. Hugendubel Verlag: München, 7. Aufl. 1995;

Dörig, Bruno: Schenk dir ein Mandala, Bd. 1 u. 2. Verlag am Eschbach: Eschbach 1993;

ders.: Mandala Malblöcke, Bd. 1 u. 2. ebenda;

Holitzka, Klaus / Niemuth, Jochen: Das Mandala als Grundstruktur des Universums. ch falk Verlag: Seeon 1994;

Faust-Siehl, Gabriele u. a.: Mit Kindern Stille entdecken. Diesterweg Verlag: Frankfurt/M. 1990;

Kabat-Zinn, Jon: Stark aus eigener Kraft, Im Alltag Ruhe finden. Otto Wilhelm Barth Verlag: Wien/Bern/München 1995;

Maschwitz, Gerda u. Rüdiger: Gemeinsam Stille entdecken, Übungen für Kinder und Erwachsene. Kösel Verlag: München 1995;

Mühlenweg, Fritz: In geheimer Mission, Libelle Verlag: Lengwil o. J.;

Psychologie heute. Beltz Verlag: Weinheim Nr. 10/1994;

Vopel, Klaus: Kinder ohne Streß, Bd. 1–5. Verlag Iskopress: Salzhausen 1994;

ders.: Der fliegende Teppich, Leichter lernen durch Entspannung, Teil 1. Iskopress: Salzhausen 1995;

ders.: Zauberladen, Phantasiereisen für kleine Kinder, Salzhausen 1995.

Eine Anleitung zum Bau einer Kräuterspirale oder eines Kräuter-Mandalas findet sich z. B. in dem Buch von Paul Seitz, Kräutergärten, Kosmos Verlag Stuttgart 1994.

Bewegungsphantasien finden sich z. B. in dem Buch von Dorothée Kreusch-Jacob, Tanzlieder. Ravensburger Verlag oder in dem Bilderbuch Wir gehen auf Bärenjagd von Michael Rosen und Helen Oxenburg.

Bezugsquellen

Mandala Malblöcke erhalten Sie über den
Verlag am Eschbach
79427 Eschbach
und über die
Edition Neptun
Herzogstr. 62
80803 München

Tibetische Zimbeln und Klangschalen sind erhältlich über
One World Versand
Auf der Höhe 10
21394 Südergellersen

Entdeckungen für Eltern und Kinder

Felizitas von Schönborn
Astrid Lindgren – Das Paradies der Kinder
200 Seiten, gebunden mit Schutzumschlag
ISBN 3-451-23644-3
Eine faszinierende Frau erzählt über ihr Leben.

Karin Lichtenauer
Mütter sind ganz besondere Frauen
Für alle Muttertage des Jahres
Hrsg. von Karin Lichtenauer
160 Seiten, gebunden mit Schutzumschlag
ISBN 3-451-23639-7
Für alle, die einer Mutter eine Freude machen wollen.

Werner Knubben/Thomas Knubben
Ein Vater, wie er im Buche steht
Entdeckungen für junge Väter
Hrsg. von Thomas Knubben und Werner Knubben
160 Seiten, gebunden mit Schutzumschlag
ISBN 3-451-23755-5
Höhenflüge und Aufregungen der Väter von heute.

Maja Überle-Pfaff
Großvater ist der Größte
Geschichten und Tips für die neuen Großväter
Hrsg. von Maja Überle-Pfaff
160 Seiten, gebunden mit Schutzumschlag
ISBN 3-451-23643-5
Geschichten von alten und jungen „Opas" machen Lust, selbst so ein richtig toller Großvater zu werden.

Christian Meyer/Daniela Liebig
Wenn Mann ein Kind bekommt
Was werdende Väter in der Schwangerschaft erleben
160 Seiten, gebunden mit Schutzumschlag
ISBN 3-451-23522-6
Das ultimative Geschenkbuch für werdende Väter.

Herder

„Leben will ich jeden Tag"

Daniela Tausch-Flammer/Lis Bickel
Wenn Kinder nach dem Sterben fragen
Ein Begleitbuch für Kinder, Eltern und Erzieher
176 Seiten, Paperback
ISBN 3-451-23141-7
Gemeinsam mit Kindern über das Unbegreifliche sprechen.

Heide Häberle/Dietrich Niethammer
Leben will ich jeden Tag
Leben mit krebskranken Kindern und Jugendlichen
Erfahrungen und Hilfen
272 Seiten, Paperback
ISBN 3-451-23112-3
Wertvoll für krebskranke Kinder und Jugendliche: Die wichtigsten
Erfahrungen und Erkenntnisse einer Krebs-Nachsorge-Institution.

Diane Komp
Liebe reicht ins Land des Schattens
Welche Hoffnung kranke Kinder schenken - Erfahrungen einer
Kinderärztin
128 Seiten, Paperback
ISBN 3-451-23613-3
Erfahrungen mit Kindern, die tief berühren: Wie Krisen neue Kräfte
freilegen können.

Lone Hertz
Ich sage nichts, weil ich mich vor der ganzen Welt fürchte
Eine Mutter baut ihrem autistischen Sohn Brücken ins Leben
Aus dem dänischen von Ilse Bauer
256 Seiten, Paperback
ISBN 3-451-23742-3
Diagnose Gehirnschaden: Eine Mutter findet Zugang in die
verschlossene Welt ihres Sohnes.

Herder

Menschenskinder!

Helga Hoff
Märchen geben Kindern Mut
Ein Buch zum Vorlesen, Malen, Spielen
Band 4385
Die Pädagogin lädt mit ihren Spielmärchen Kinder ein, der verunsichernden - weil für sie unverständlichen - Welt zu begegnen.

Janusz Korczak
Der kleine König Macius
Eine Geschichte in zwei Teilen für Kinder und Erwachsene
Die vollständige Ausgabe
Band 4322
Als Kind schon wird Macius nach dem Tod seines Vaters König. Das erfolgreichste Werk des großen Pädagogen zeigt, wie Kinder Erwachsene sehen und was sie von ihnen und vom Leben erwarten.

Karin Dörner/Christiane Nebel/Alexander Redlich
Geschichten für gestreßte Kinder
Vorlesegeschichten zum Entspannen und Mutigwerden
Band 4362
Packende Abenteuer- und Alltagsgeschichten: Kinder lernen, wie sie sich entspannen und mutig an ihre Probleme herangehen können.

Emil E. Kobi/Heidi Roth
Kinder von Aggressiv bis Zerstreut
Ein Ratgeber für den Erziehungsalltag
Band 4182
Damit aus einer Kinderzimmer-Mücke kein Elephant wird: überzeugende Vorschläge, die Probleme lösen und Fehlentwicklungen erkennen helfen.

Sabine Bernau
Hilfen für den Zappelphilipp
Das Selbsthilfe-Elternbuch
Band 4368
Alle notwendigen Informationen zur Hyperaktivität. Erfahrungsberichte von Eltern und Tips zur Selbsthilfe.

HERDER / SPEKTRUM Das Taschenbuch mit Linie

Claudia Gürtler
Freizeit - freie Zeit?
Grundschulkinder und ihre Freizeit
Band 4277
Langeweile: kein Thema! Praktische Tips, wie Eltern mit ihren
Kindern die Freizeit sinnvoll gestalten können.

Karin Neuschütz
Lieber spielen als fernsehen
Alternativen, die Kindern mehr Spaß machen
Band 4315
Wußten Sie, daß sich Kinder immer fürs Spielen statt Fernsehen
entscheiden würden? Vor allem, wenn auch mal die Eltern
mitmachen. Kreative Tips und Anregungen für Spiel- und
Bastelstunden.

Renate Zimmer
Schafft die Stühle ab!
Bewegungsspiele für Kinder
Band 4345
Kinder wollen laufen, springen und toben. Bloß wo? Mit einfachen
Veränderungen kann man Wohnungen, Garten und Hof freier und
offener gestalten.

Gertrud Meyer
Abenteuer Schulanfang
Heute Spielkind- morgen Schulkind
Band 4338
Praktische Tips, wie der „Ernst des Lebens" angegangen werden
kann.

Reinhold Bergler
Warum Kinder Tiere brauchen
Informationen, Ratschläge, Tips
Band 4319
Ein Haustier kann für Kinder viel bedeuten. Daher ist es wichtig zu
wissen, welche Tiere für Kinder geeignet sind und worauf es beim
Zusammenleben ankommt.

HERDER / SPEKTRUM Das Taschenbuch mit Linie

Kinderwünsche wahrnehmen

Armin Krenz
Was Kinderzeichnungen erzählen
Kinder in ihrer Bildersprache verstehen
192 Seiten, Paperback
ISBN 3-451-23695-8
Hilfen zum Verstehen: Kinderzeichnungen geben Einblick in die
Kinderseele.

Patricia H. Berne/Louis M. Savary
Kinder brauchen Selbstvertrauen
Tips und Ratschläge für Eltern
Aus dem Amerikanischen von Peter Brandenburg
160 Seiten, Paperback
ISBN 3-451-23752-0
Das Fundament für ein glückliches Leben wird in der Kindheit gelegt.

Gertrud Kaufmann-Huber
Kinder brauchen Rituale
Ein Leitfaden für Eltern und Erziehende
160 Seiten, Paperback
ISBN 3-451-23574-9
Rituale sind wichtig für die kindliche Entwicklung, aber die
richtigen müssen es sein.

Norbert Gürtler/Doro Kammerer
Stillwerden und entspannen
Vorlesegeschichten zum autogenen Training für Kinder
128 Seiten, Paperback
ISBN 3-451-23638-9
Überreizte Kinder - Autogenes Training schafft tiefgreifende Erfolge.

Helen I. Bachmann
Kinderfreundschaften – Start ins Leben
192 Seiten, Paperback
ISBN 3-451-23572-2
Von der Sandkastenfreundschaft bis zum Erwachsenwerden: Was
Eltern wissen sollten.

Herder